目　录

主观题实战演练

主观题实战演练参考答案

2023国家统一法律职业资格考试

瑞达法考主观题系列

实战演练

法考研究中心
瑞达名师编写组 编

中国民主法制出版社

图书在版编目（CIP）数据

2023 国家统一法律职业资格考试．主观题实战演练／法考研究中心，瑞达名师编写组 编．—北京：中国民主法制出版社，2023.8

（瑞达法考主观题系列）

ISBN 978-7-5162-3287-3

Ⅰ.①2… Ⅱ.①法… ②瑞… Ⅲ.①法律工作者－资格考试－中国－自学参考资料 Ⅳ.①D920.4

中国国家版本馆 CIP 数据核字（2023）第 117717 号

图书出品人：刘海涛
责 任 编 辑：陈 曦 张雅淇 李 郎 魏敬仁

书 名／2023 国家统一法律职业资格考试·主观题实战演练
作 者／法考研究中心 瑞达名师编写组 编

出版·发行／中国民主法制出版社
地址／北京市丰台区右安门外玉林里 7 号（100069）
电话／（010）63055259（总编室） 63058068 63057714（营销中心）
传真／（010）63055259
http：//www.npcpub.com
E-mail：mzfz@npcpub.com
经销／新华书店
开本／16 开 710 毫米×1000 毫米
印张／7 **字数**／121 千字
版本／2023 年 9 月第 1 版 2023 年 9 月第 1 次印刷
印刷／三河市鑫鑫科达彩色印刷包装有限公司

书号／ISBN 978-7-5162-3287-3
定价／135.00 元

主观题实战演练

A卷

一、（本题35分）

材料一：当今世界正经历百年未有之大变局，我国正处于实现中华民族伟大复兴关键时期，改革发展稳定任务艰巨繁重，全面对外开放深入推进，人民群众在民主、法治、公平、正义、安全、环境等方面的要求日益增长，需要更好发挥法治固根本、稳预期、利长远的保障作用。在统揽伟大斗争、伟大工程、伟大事业、伟大梦想，全面建设社会主义现代化国家新征程上，必须把全面依法治国摆在全局性、战略性、基础性、保障性位置，向着全面建成法治中国不断前进。

摘自《法治中国建设规划（2020—2025年）》

材料二：党内法规既是管党治党的重要依据，也是建设社会主义法治国家的有力保障。我们党历来重视党内法规制度建设，注重运用党内法规管党治党、提高党的执政能力和领导水平。党的十八大以来，党中央坚持全面从严治党、依规治党，严格执行党章，形成比较完善的党内法规体系，制度权威性和执行力不断增强，党内法规制度建设取得显著成绩，积累了新的重要经验。习近平总书记指出："加强党内法规制度建设是全面从严治党的长远之策、根本之策。我们党要履行好执政兴国的重大历史使命、赢得具有许多新的历史特点的伟大斗争胜利、实现党和国家的长治久安，必须坚持依法治国与制度治党、依规治党统筹推进、一体建设。"

摘自《新华网》

问题：

根据以上材料，结合习近平法治思想的形成和发展逻辑，谈谈当前和今后一个时期推进全面依法治国的进程中，应当如何正确处理依法治国和依规治党的关系。

答题要求：

1. 观点正确，表达完整、准确；

2. 无观点或论述，照搬材料原文不得分；

3. 总字数不少于 600 字。

二、**案情：**甲、乙二人在网上高薪招聘客服人员，赵某被高额薪水吸引而加入，后赵某发现公司实际上在从事电信诈骗活动，知道真相后赵某掏出手机（价值 7999 元）准备报警，甲为防止赵某报警，强行夺走其手机，逼迫赵某给家里人打电话，要求赵某告诉家人拿钱赎人，赵某坚决不从。乙愤怒中拿起扳手猛砸赵某后脑勺，甲没有制止。之后甲、乙发现赵某一动不动，以为赵某死亡（实际重伤），甲说："扫兴，这事你了结吧。"乙说："我惹的事，我处理。"乙遂将赵某的尸体拉到郊外掩埋，在将尸体推入坑中时，乙听到了赵某的呻吟，但乙不管不顾，仍将其掩埋，最终致使赵某窒息死亡。（事实一）

在乙外出掩埋尸体之际，甲准备将赵某的手机丢掉，但是意外发现该手机是某品牌的新款高端旗舰机，遂起占有之念，甲利用技术手段破解了手机的密码后，发现手机微信绑定有信用卡，于是将赵某卡内的 2 万元转入自己的微信账户，但并未告知乙。（事实二）

乙掩埋完尸体后已是大半夜，在驾车回家路上超速驾驶，将骑自行车的刘某撞倒，乙下车后发现刘某流血不止，觉得刘某必死无疑，遂开车逃跑。后刘某被人发现后送往医院，因流血过多未得到及时救助而死亡。（事实三）

乙担心自己的犯罪行为案发，遂找到其亲戚财政局局长王某，并告知其真相，希望王某替自己向公安局局长张某说情。王某虽然没有为乙办事的意思，但仍然作出虚假承诺。两天后乙被抓捕。事后证明，王某收受了乙20万元现金，乙声称系王某勒索而给予其现金，王某声称系乙主动交付现金。（事实四）

问题：

全面分析本案中各行为人的行为性质及其刑事责任，存在观点展示的，进行观点展示并说明理由。

三、**案情：**W省S市检察院指控：2021年5月9日凌晨，赵某在S市北新小区抢劫、强奸袁某。S市检察院向S市中级法院移送了下列证据：

（1）赵某对侦查人员胡某和蒋某共作了8次口供，前3次内容相同，均供认自己抢劫、强奸袁某。在赵某委托的黄律师会见赵某后，赵某的后5次口供均否认自己作案。

赵某的前3次供述均称：2021年5月的一天凌晨2时左右，我穿深蓝色夹克衫，在S市北新小区用撬杠打了被害人袁某头部两棒，她跌倒后，我在她包里翻找东西，看到包里有一些现金、一串钥匙和一些纸，我将现金取出（后来数了一下是8600元）。然后，我把这个女人的裤子脱到膝盖以下，强奸约有两三分钟，强奸过程中发现这个女人带着金项链、金手链，便取下来装在身上。之后我把包扔到了北面的房顶上。第二天凌晨2点多，我又回到原地从房顶上取下手提包，之后把包烧掉了。

（2）现场勘查笔录、辨认笔录表明：公安机关在北新小区北面的房顶上提取一黑色手提包，经袁某的丈夫王某辨认为袁某所有。经测量，赵某的身高为1.62米。

（3）公安机关在袁某手提包内所装的纸上提取到血手印一枚，该血手印经过鉴定与赵某右手小指手印为同一。

（4）尸检报告表明：袁某系头部多处遭受钝性物体打击、大脑中枢神经系统受压昏迷而死亡，同时未从死者袁某阴道内检测出赵某的精斑。

（5）王某的证言：5月9日凌晨4时许回家时，在北新小区发现其妻子袁某头西脚东仰面躺于地面，下身赤裸。

（6）文某的证言：5月9日凌晨2时左右，我驾驶出租车进入北新小区门口时，一个身高1.75米左右、穿灰白色夹克、深色裤子的人向我招手停车。我进入小区停车后，发现1号楼门口东面躺着一个人，该人穿一身黑色衣服，上身和下身没有明显的颜色差别。

（7）于某的证言：5月9日早上8时许，我在清扫北新小区垃圾时，发现垃圾道口外的地上有一堆烧过的黑色的布样灰，我将那堆灰装在垃圾车中倒掉了。

（8）公安机关的情况说明：由于案发时间太久，未能提取到作案工具及袁某丢失的首饰。

在庭审中，赵某辩称：案发时其乘出租车去W省Y市的朋友唐某家取鹿鞭，无作案时间，因为唐某已出国，公安机关无法与其核实这一事实。赵某还提出自己在侦查阶段遭到侦查人员胡某、蒋某打骂、不让吃饭、不让上厕所等方式的刑讯逼供。S市中级法院启动非法证据排除程序，认定第一次讯问是在5月18日赵某被传唤到案后的第36个小时在某宾馆作出的；第二次讯问中侦查人员存在刑讯逼供；第三次供述受到第二次讯问中刑讯逼供行为的影响而作出。

问题：

依据有关法律、司法解释规定和刑事证明理论，运用本案现有证据，分析能否认定赵某构成抢劫罪、强奸罪，请说明理由。

四、**案情：**【1】紫藤公司是绿叶公司的全资子公司。**绿叶公司**为建造A房屋向**中兴银行**借款2000万元，借期为2021年3月2日至2022年3月1日，绿叶公司以正在建造的A房屋抵押担保，未约定A房屋抵押担保的范围，办理A房屋抵押的预告登记后，中兴银行按约提供了借款。经绿叶公司请求，**紫藤公司**以其B房屋抵押担保绿叶公司对中兴银行的借款债务，未约定B房屋抵押担保的范围，办理了抵押登记，中兴银行知道紫藤公司未就其以B房屋提供抵押担保作出公司决议，仍接受了紫藤公司提供的抵押担保。紫藤公司与中兴银行的抵押合同还约定：“若绿叶公司到期未还款，紫藤公司不承担到期的抵押担保责任的，应就此向中兴银行支付100万元的违约金。”

【2】2022年1月10日，绿叶公司为A房屋办理了所有权首次登记，但一直未给中兴银行办理A房屋抵押的本登记。后，因绿叶公司到期无力还款，2022年3月10日，中兴银行就能否对A房屋行使优先受偿权向单位的法律顾问**钟某**征求意见，钟某回复的意见是：由于未办理抵押的本登记，中兴银行对A房屋不享有优先受偿权。中兴银行因此未对A房屋行使权利，直接对B房屋行使抵押权，法院应中兴银行的申请于2022年3月20日查封了B房屋，紫藤公司提出了两点执行异议。异议（一）：紫藤公司未就以B房屋抵押担保作出公司决议，紫藤公司无须以B房屋承担抵押担保责任。异议（二）：中兴银行未就债务人绿叶公司抵押的A房屋行使优先受偿权，不能对B房屋行使抵押权。紫藤公司基于这两点异议，拒绝对中兴银行承担抵押担保责任。2022年3月25日，中兴银行以紫藤公司无正当理由拒绝承担抵押担保责任为由，请求紫藤公司按约支付违约金100万元。

【3】法院未支持紫藤公司的异议，由中兴银行就拍卖B房屋的价款优先清偿了全部借款债权。2022年6月，因紫藤公司到期未偿还对**华旭公司**的1000万元货款债务，华旭公司起诉获得生效胜诉判决后，申请对紫藤公司强制执行，紫藤公司无力清偿。华旭公司在知悉紫藤公司为绿叶公司的借款债务提供并承担抵押担保责任的事实后，仅以绿叶公司为被告起诉，诉请绿叶公司对紫藤公司欠自己的1000万元货款债务承担连带清偿责任，诉讼中，绿叶公司不能提供证据证明绿叶公司与紫藤公司在财产上各自独立。

问题：

1. 钟某向中兴银行提供的法律咨询意见是否符合法律规定？为什么？

2. 法院查封 B 房屋后，紫藤公司提出的异议（一）能否成立？为什么？

3. 法院查封 B 房屋后，紫藤公司提出的异议（二）能否成立？为什么？

4. 2022 年 3 月 25 日，中兴银行是否有权请求紫藤公司支付违约金 100 万元？为什么？

5. 在中兴银行就拍卖 B 房屋的价款优先受偿后，根据现行法的规定，紫藤公司应当如何寻求救济？

6. 华旭公司仅以绿叶公司为被告起诉时，法院应如何安排当事人？为什么？

7. 紫藤公司欠华旭公司的1000万元货款债务，华旭公司诉请绿叶公司承担连带清偿责任，法院应否支持这一诉讼请求？为什么？

五、**案情：**李某与任某婚后育有一子李志，为谋生计，在李志5岁时，李某与任某外出务工，将李志交由其外婆葛某抚养。李志就读于小天使幼儿园，为方便照顾李志，葛某自颜方处受让其经营的煎饼摊，但未办理个体工商户营业执照的变更。

2022年4月，6岁的李志因在学校表现很好，受到表扬，班主任赵某送给李志玩具飞机一架，李志十分开心的表示接受。不料课间休息时，该玩具飞机被同学陈川（6岁）损坏，二人发生争执，李志将陈川推倒造成陈川小腿骨折，赵某当时虽然发现但未立刻制止。之后，赵某火速将陈川送至市中医院治疗，诊疗过程中，因医生出现失误，导致陈川的小腿骨头接合不正。此后，经再次手术方才予以治愈。陈川的父母就此次事故，将李志的父母、小天使幼儿园、市中医院列为共同被告，要求其对陈川小腿骨折的损害以及再次手术的费用进行赔偿。

诉讼过程中，李志的父母认为陈川的父母提交的证明医疗费的发票是伪造的，遂提出异议。此外，陈川的父母要求市中医院提供当次诊断的病历报告，市中医院称由于管理问题，该份病历已经遗失。此外，陈川的父母得知李志跟随外婆葛某生活后，要求追加葛某为共同被告，对此承担连带责任。

随着李志年龄增长，为对李志进行管教，李某与任某遂回到当地参加工作。2023年1月，李某和任某与阳光公司签订《商品房预售合同》，购买阳光公司开发的A房屋一套，并在合同中约定“发生纠纷一律提交被告住所地法院管辖”。阳光公司为李某和任某办理了预告登记。为购买该商品房，李某与任某自光大银行借款150万元，并以所购房屋为光大银行办理抵押权的预告登记。

2023年7月，房屋建成，阳光公司擅自将该房屋出售给另一购房者张华，且为张华办理过户登记。李某、任某打算向阳光公司维权，发现阳光公司诉讼缠身。阳光公司以其所有的2台吊车为第四建筑有限公司提供担保，但未登记，第四建筑有限公司向法院起诉，要求行使抵押权；怀礼钢材贸易公司要求阳光公司清偿材料款2000万元，并主张适用法人人格否认制度，由阳光公司控股股东巨能公司承担连带责任。上述案件均在审理过程中。2023年9月，因资产显著不足，经债权人申请，法院受理了阳光公司的破产案件。

问题：

1. 如果刘琦在葛某的煎饼摊吃早饭后出现食物中毒的情况，刘琦应当以谁作为被告主张赔偿？

2. 小天使幼儿园对于陈川的损害是否需要承担赔偿责任？为什么？

3. 陈川的父母将李志的父母与市中医院列为共同被告的做法是否正确？为什么？

4. 李志的父母认为陈川的父母提交的医疗费发票系伪造，应当由谁对相关医疗费发票的真实性承担举证证明责任？请说明理由。

5. 若陈川的父母未能提供证明市中医院存在过错的证据，法院应如何处理？为什么？

6. 陈川的父母要求葛某承担连带责任的主张能否成立？为什么？

7. 李某和任某与阳光公司在《商品房预售合同》中约定的协议管辖，是否有效？请说明理由。

8. 法院受理阳光公司的破产申请后，对于怀礼钢材贸易公司提起的法人人格否认之诉，应如何处理？

六、**案情**：2017年6月14日乙市丙区食品药品监督管理局接到市民投诉热线，投诉人冯某反映其2017年6月12日在甲商店购买了一袋超过保质期的"××蜜汁山核桃味瓜子"，生产日期是2016年9月18日，保质期8个月，售价为12.8元。丙区食品药品监督管理局现场检查发现甲商店货架有"××蜜汁山核桃味瓜子"但没有投诉的涉案生产日期批次食品。在投诉人与甲商店质证过程中，甲商店无法提供有效证据证明投诉瓜子不是从其店里购买。2017年丙区食品药品监督管理局认定甲商店违反了《食品安全法》第34条第10项规定，依据《食品安全法》第124条第1款第5项以及乙市相关规定，处以没收违法所得12.8元、罚款50000元的行政处罚。甲商店后向丙区政府申请复议，复议结果为维持处罚决定；甲商店后提起行政诉讼，一审法院认定甲商店的撤销被诉处罚决定和复议决定的请求无事实和法律依据，驳回诉讼请求。甲商店提起上诉。

问题：

1. 本案被告是谁？为什么？

2. 丙区食品药品监督管理局应当按照什么程序作出处罚决定？

3. 如何确定本案的管辖法院？

4. 本案中行政复议、一审法院和二审法院的审理对象分别是什么？

5. 本案中甲商店提起上诉的理由是什么？

6. 本案中二审法院应当如何判决？

七、**案情**：2019 年京达装饰装修有限公司（以下简称京达公司）与华贸国际有限公司（以下简称华贸公司）签订装修服务合同，京达公司为华贸公司提供装修服务，华贸公司支付装修款 100 万元，若京达公司装修质量不合格应支付违约金 10 万元。为担保京达公司的债权，华贸公司将其房产设定抵押。双方约定不得将合同项下债权转让。

2020 年 10 月，京达公司与甲、乙、丙四方共同设立北京光明餐饮有限公司（以下简称光明公司）。其中京达公司以其对华贸公司的债权向光明公司出资，持有该公司 55% 的股权。甲持有公司 15% 的股权，乙持有公司 10% 的股权，丙持有公司 20% 的股权。甲、乙、丙三人均以货币出资，在公司成立后 5 年内缴纳。京达公司委派其法定代表人黄川担任光明公司的董事长，丙担任总经理，甲担任唯一的监事，乙担任厨师长。

2020 年 11 月，京达公司完成装修工作，光明公司遂向华贸公司主张支付债权金额 100 万元，华贸公司认为京达公司装修质量不合格，向光明公司主张在 10 万元额度内抵销。

2022年1月光明公司召开股东会会议，讨论2021年利润分配方案，京达公司认为光明公司处于快速发展期，应当将全部利润以法定公积金形式留存于公司。甲、乙、丙则强烈主张进行利润分配。最终各方股东不欢而散。

为了获得利润分配，乙书面通知光明公司，要求查阅光明公司的会计账簿和会计凭证。黄川均予以拒绝。乙随后向法院起诉，要求对2021年的利润进行分配。

为了教训乙，京达公司和黄川共同决定解除乙厨师长的职务，并向光明公司出具了加盖公章和黄川签名的函件。乙向甲求助，要求甲罢免黄川的董事身份。

2022年9月，乙打算将其10%的股权转让给鑫华基金公司。京达公司称，若其转让股权须先缴纳全部认缴的出资，或者鑫华基金公司受让股权后即缴纳全部出资，否则不得转让。

问题：

1. 京达公司的出资形式是否合法？

2. 华贸公司能否向光明公司主张行使抵销权？

3. 乙的查阅权主张是否合法？

4. 乙的诉讼请求能否得到法院的支持？

5. 京达公司和黄川是否有权解除乙的职务？

6. 甲能否罢免黄川的董事职务？

7. 对于乙的股权转让，京达公司的说法是否正确？

B卷

一、（本题35分）

材料一：一个国家选择什么样的现代化道路，是由其历史传统、社会制度、发展条件、外部环境等诸多因素决定的。国情不同，现代化途径也会不同。实践证明，一个国家走向现代化，既要遵循现代化一般规律，更要符合本国实际，具有本国特色。中国式现代化既有各国现代化的共同特征，更有基于自己国情的鲜明特色。党的二十大报告明确概括了中国式现代化5个方面的中国特色，深刻揭示了中国式现代化的科学内涵。这既是理论概括，也是实践要求，为全面建成社会主义现代化强国、实现中华民族伟大复兴指明了一条康庄大道。

摘自习近平《中国式现代化是强国建设、民族复兴的康庄大道》

材料二：党的二十大报告明确指出："中国式现代化，是中国共产党领导的社会主义现代化。"这是对中国式现代化定性的话，是管总、管根本的。为什么要强调党在中国式现代化建设中的领导地位？这是因为，党的领导直接关系中国式现代化的根本方向、前途命运、最终成败。

摘自习近平《中国式现代化是中国共产党领导的社会主义现代化》

材料三：党的领导是中国特色社会主义最本质的特征，是社会主义法治最根本的保证。把党的领导贯彻到依法治国全过程和各方面，是我国社会主义法治建设的一条基本经验。我国宪法确立了中国共产党的领导地位。坚持党的领导，是社会主义法治的根本要求，是党和国家的根本所在、命脉所在，是全国各族人民的利益所系、幸福所系，是全面推进依法治国的题中应有之义。党的领导和社会主义法治是一致的，社会主义法治必须坚持党的领导，党的领导必须依靠社会主义法治。只有在党的领导下依法治国、厉行法治，人民当家作主才能充分实现，国家和社会生活法治化才能有序推进。依法执政，既要求党依据宪法法律治国理政，也要求党依据党内法规管党治党。必须坚持党领导立法、保证执法、支持司法、带头守法，把依法治国基本方略同依法执政基本方式统一起来，把党总揽全局、协调各方同人大、政府、政协、审判机关、检察机关依法依章程履行职能、开展工作统一起来，把党领导人民制定和实施宪法法律同党坚持在宪法法律范围内活动统一起来。

摘自《中共中央关于全面推进依法治国若干重大问题的决定》

问题：

根据以上材料，结合中国式现代化，谈谈你对坚持党对全面依法治国的领导的理解和认识。

答题要求：

1. 观点正确，表达完整、准确；
2. 无观点或论述，照搬材料原文不得分；
3. 总字数不少于 600 字。

二、**案情：**甲因经常看直播，迷恋上某直播平台女主播钱某。甲私下联系钱某，想与其线下约会。钱某希望甲今后在自己直播时多送礼物。甲利用受公司（国有公司）指派出去催收 100 万元货款的便利条件，主动提出要求对方支付现金，并将其存于自己的银行账户，同时将该银行卡绑定自己的直播平台账户。甲在钱某直播时疯狂刷“火箭”“游艇”，一次直播期间甲刷了价值 100 万元的礼物，后甲并未归还货款。

钱某觉得甲可能是土豪，可以接触。但双方约好去宾馆房间时，钱某发现甲并非土豪。钱某趁甲洗澡之际，取走了甲皮包里的 13 万元现金，离开了宾馆，并将甲从联系方式中删除。甲发现钱某离开宾馆，而且再也无法联系上钱某时，恼羞成怒，意图开车撞死钱某。直到深夜，甲开车在经过十字路口时，发现右前方人行道上的钱某，遂直接冲了过去，但不慎将从左边过来走在斑马线上的一名女子王某撞倒。

甲立即调转车头，将钱某撞倒在地，甲以为钱某已经死亡，叫上乙一起掩埋了钱某的尸体，在甲掩埋尸体的过程中，乙发现了钱某并未死亡，但是并未吭声，只是催促甲快些，最终钱某窒息而死。

甲返回现场后发现王某已经死亡，遂将王某身上的手机、储蓄卡和身份证取走，并驾车离开现场，甲当晚离开现场后，随即去附近 ATM 机上试出密码后，当即取款 2 万元，并于次日去商场刷卡消费了 5 万元。

问题：

根据刑法规定和刑法理论，分析甲、乙的行为性质和刑事责任，存在不同观点的请说明理由。

三、**案情：**2021 年 3 月，朱某、苏某、程某等 25 人通过网络实施诈骗，被害人多达二千余人。被 A 市公安局立案侦查。鉴于该案的证据数量特别众多且具有同类性质、特征或者功能，因客观条件限制无法逐一收集的，侦查人员按照一定比例选取证据。A 市公安局按照朱某、苏某、程某等人的账户接收的资金数额认定犯罪数额。A 市公安局以朱某、苏某、程某等人涉嫌诈骗罪移送 A 市检察院审查起诉。A 市检察院对朱某、苏某起诉至 A 市中级法院，A 市检察院将程某交 A 市 B 区检察院审查起诉。程某认罪认罚，其委托方律师担任辩护人。B 区检察院决定对程某取保候审。程某在取保候审期间欲离开居住的 B 区，前往 C 市 D 区出差。执行机关批准后，程某在前往 D 区的途中前往 E 市 F 区购物。B 区检察院就量刑建议听取了程某的意见，向程某开示了影响定罪量刑的主要证据材料，程某对量刑建议表示认可。在程某签署认罪认罚具结书时，B 区检察院通知方律师到场见证具结，方律师因病而无法到场，B 区检察院遂通知值班律师苏某到场见证程某签署认罪认罚具结书。5 月 6 日，B 区检察院对程某向 B 区法院提起公诉，建议对程某判处“11 个月以下有期徒刑，并处罚金”并适用速裁程序。B 区法院指派审判员秦某适用速裁程序审理该案，在审理中秦某核实了认罪认罚具结书签署的自愿性、真实性、合法性。鉴于控辩双方对案件无争议，未进行法庭辩论。秦某在听取方律师的意见和程某的最后陈述后宣布闭庭。5 月

19日，B区法院再次开庭宣判，程某犯诈骗罪，判处有期徒刑8个月，并处罚金人民币1000元。程某于5月25日向A市中级法院提出上诉，称其是初犯，归案后自愿认罪认罚，原判量刑过重，请求A市中级法院对其从轻处罚。

B区检察院于5月26日提出抗诉，称程某以认罪认罚形式换取较轻刑罚，再利用上诉不加刑原则提出上诉，反映其认罚动机不纯；程某上诉违背认罚承诺，认罪认罚的从宽量刑幅度不应再适用，故程某应获得更重的处罚。

程某得知B区检察院抗诉后，觉得自己上诉“划不来”，于6月3日申请撤回上诉。

问题：

1. 请指出本案诉讼程序存在的违法之处，并说明理由。

2. 若B区法院在审理时，发现程某在犯罪时只有15周岁，法院应当如何处理？

3. A市中级法院如何处理程某的撤诉申请？

4. A 市公安局按照朱某、苏某、程某等人的账户接收的资金数额认定犯罪数额，应满足哪些条件？

5. 如何评价 B 区检察院在本案中提出的抗诉？

四、**案情**：【1】**甲公司**与**乙公司**订立《租赁合同》约定："甲公司将 A 房屋出租给乙公司用于餐馆经营，租期自 2019 年 1 月 1 日至 2023 年 12 月 31 日，年租金 20 万元，按季支付租金。"因受新冠肺炎疫情影响，乙公司收入锐减，资金周转困难，乙公司因此未能按约向甲公司支付 2021 年第一季度和第二季度的租金，甲公司催告后经过 1 个月，乙公司仍未支付，甲公司遂以此为由通知乙公司解除双方的 A 房屋租赁合同，通知于 2021 年 8 月 1 日到达乙公司。2021 年 8 月 5 日，乙公司以甲公司为被告诉至法院，提出两项诉讼请求。诉讼请求（一）：请求法院判决确认 2021 年 8 月 1 日到达乙公司的通知不发生解除 A 房屋租赁合同的效力。诉讼请求（二）：请求法院考虑新冠肺炎疫情对 A 房屋租赁合同履行所产生的影响，酌情判决减少乙公司应当向甲公司支付的租金数额。

【2】甲公司与**丙公司**订立《租赁合同》约定："甲公司将 B 房屋出租给丙公司用于法考面授教室，租期自 2020 年 3 月 2 日至 2020 年 11 月 1 日，租金总计 15 万元。"2020 年 2 月 25 日，B 房屋所在地的人民政府发布新冠肺炎疫情防控政策要求，除非政府根据疫情情况发布新的防控政策，否则禁止举办一切面授培训。丙公司因此立即通知甲公司解除 B 房屋租赁合同，通知于 2020 年 2 月 26 日到达甲公司。甲公司立即要求丙公司继续履行租赁合同，丙公司表示拒绝。2020 年 2 月 28 日，甲公司以丙公司为被告起诉，请求法院判决确认双方的 B 房屋租赁合同未被解除。

【3】甲公司与丁公司订立《买卖合同》约定："甲公司向丁公司出售设备C，价款100万元。甲公司于2022年3月1日交付设备C，丁公司同日一次性支付100万元价款。甲公司迟延交付设备C的，支付违约金5万元。"直到2022年4月1日，甲公司与丁公司均未履行，亦未提供履行。2022年4月5日，丁公司以甲公司为被告诉至法院，提出了三项诉讼请求权。诉讼请求（一）：请求判令甲公司支付违约金5万元。诉讼请求（二）：请求判令甲公司履行交付设备C的合同义务。诉讼请求（三）：请求判令甲公司承担全部诉讼费用。诉讼中，甲公司以丁公司未履行、亦未提供履行支付价款的义务为由抗辩。

问题：

1. 乙公司提出的诉讼请求（一），法院应否支持？为什么？

2. 乙公司提出的诉讼请求（二），法院应否支持？为什么？

3. 2020年2月28日，甲公司对丙公司的诉讼请求，法院应否支持？为什么？

4. 对丁公司的诉讼请求（一），法院应否支持？为什么？

5. 对丁公司的诉讼请求（二），法院应如何判决？该判决有何特点？

6. 对丁公司的诉讼请求（三），法院应否支持？为什么？

五、**案情：**大康公司与凌天公司均为有限责任公司。大康公司的股东为甲、乙二人，其中甲持股 20%，乙持股 80%，甲担任法定代表人。凌天公司股东为甲、丙、丁，其中甲持股 20%，丙和丁各持股 40%，甲担任法定代表人。两公司签订了承揽合同，凌天公司为大康公司加工产品零件，后因零件质量与货款支付双方发生争议，凌天公司要求大康公司支付合同尾款，大康公司主张零件存在质量问题，凌天公司应当支付违约金，并表示用违约金抵销剩余合同尾款后，双方已经价款两清。丙和丁不同意大康公司的说法，要求甲以凌天公司的名义起诉大康公司，由于甲与大康公司关联甚多，甲拒绝起诉。

2015 年 12 月 12 日，丙和丁召开股东会，商讨变更法定代表人，甲拒绝出席，丙和丁遂作出股东会决议，变更丙为法定代表人。甲拒绝配合完成变更登记，且拒绝交出公章、营业执照等公司材料。

2016 年 1 月 26 日，丙和丁二人手持股东会决议和出资证明，起诉大康公司，要求其支付合同尾款 80 万元和迟延履行金（按每天 0.03% 计息）。

大康公司委托骏达律师事务所的白律师作为诉讼代理人，委托权限为特别授权，代理权限具体载明了所有当事人的诉讼权利。甲和乙二人也表示对白律师完全信任，该案完全由其主导即可。

2016年3月3日，法院开庭审理，庭审中白律师再次提出抵销抗辩，但被主审法官告知须另行起诉解决。同年3月10日，法院作出判决，判决理由中再次提出抵销抗辩应当另行起诉解决，而关于迟延履行金的主张由于合同中没有约定，因此法院不予支持。法院最终裁判结果为：大康公司在判决生效之日起10日内支付合同款80万元，驳回凌天公司的其他诉讼请求。

同年3月12日，凌天公司的律师和白律师按照法官的通知，均到法院领取了判决书，并在送达回证上签字。3月15日，凌天公司针对迟延履行金部分向该市中院提出上诉，市中院同日受理后告知白律师准备二审，白律师称自己和大康公司的委托关系仅限于一审程序，市中院于是又联系甲，甲告知市中院大康公司已经于3月4日注销。

经查，大康公司两名股东于2016年1月4日形成决议，一致决定解散公司。同日开始清算，乙为清算组组长。1月6日，清算组在《中国工商报》上刊登了注销公告，要求债权人在45日内申报债权，但未向凌天公司送达通知。3月1日，清算组向当地工商登记机关提交了清算报告，认定大康公司没有任何债权债务，公司剩余财产80万元已经按照股权比例分配给两位股东，并申请办理注销登记。在提交给登记机关的文件中注明：如果大康公司还有其他债权债务，由乙负责处理。3月4日，工商登记机关正式办理了注销登记。

又查，乙作为清算组组长，之所以没有向凌天公司送达通知，是因为其认定双方之间的尾款与损害赔偿金已经相互抵销。而甲、乙注销公司一事从未告知白律师，白律师也是在收到一审判决后方才知悉大康公司已经注销。

问题：

1. 请从当事人适格的角度，分析丙、丁手持股东会决议和出资证明，以凌天公司的名义起诉大康公司时，法院是否应当受理该诉讼？请说明理由。

2. 市中院应当如何处理上诉人的上诉？

3. 一审法院和市中院应当如何处理本案？

六、**案情**：游某菊、余某先系某县上罗镇后营村的村民，在上罗镇后营村有宅基地及房屋一处；王某系某县上罗镇麻柳村的村民，在该村有承包地。“宜威高速公路”项目建设用地于2019年1月3日经国家自然资源部预审通过后，某县人民政府办公室于2019年8月22日作出《关于印发〈宜威高速公路（某县段）项目建设征地拆迁补偿安置方案〉的通知》。游某菊、余某先、王某的土地或房屋在“宜威高速公路（某县段）”项目建设征地范围之内。2020年4月28日，某县上罗镇人民政府作出《限期腾空移交告知书》，其内容为“因宜威高速公路（某县段）项目建设，需拆迁您户房屋。按照有关法律、法规和政策规定，政府已与您签订了房屋拆迁安置补偿协议。按照上级安排，工程急需动工，现通知您户于2020年5月10日前，将房屋内一切财物腾空，房屋移交宜威高速公路（某县段）项目建设指挥部办公室。逾期未腾空、未作移交的，提前搬迁每平方米奖励150元的承诺将不予兑现，作自动放弃处理”。游某菊、余某先、王某于2020年5月10日向某县自然资源和规划局邮寄《违法征地查处申请书》，请求：1. 对某县上罗镇后营村违法征地的行为进行查处；2. 请求对上述违法行为的相关责任人员进行依法查处。某县自然资源和规划局于2020年5月11日收到该申请书，某县自然资源和规划局于2020年9月11日向游某菊、余某先、王某作出《关于游某菊等3人申请查处违法征地的回复》（以下简称《回复》），其内容为“该项目建设涉及的用地已于2019年1月3日经自然资源部批准用地预审。我局正在对宜威高速公路

（某县段）用地情况进行依法依规核查处置等相关工作”。2020年9月16日，某县自然资源和规划局对违法占地单位宜成公司进行了立案调查，制作了《违法案件立案呈批表》对有关人员进行了调查核实，后经过听证会作出罚款和没收的处罚决定。2020年12月18日、12月23日宜成公司将罚没款6006.155万元分两次上缴到某县财政局国库。游某菊、余某先、王某不服某县自然资源和规划局的回复，于2020年9月17日向某县人民政府申请行政复议，某县人民政府经审理于2020年12月10日作出《行政复议决定书》，驳回申请人的行政复议请求。游某菊、余某先、王某不服，于2020年12月30日向法院提起诉讼。诉讼中某县自然资源和规划局向法院出具《宜威高速公路（某县段）查处情况的说明》，通过对群众反映的宜威高速公路（某县段）土地违法问题开展核查后，2020年9月16日经批准对宜威高速公路（某县段）土地违法行为立案调查，我局委托有关部门对该路段进行了地籍勘测，2020年12月17日我局作出并向当事人送达了《行政处罚决定书》。法院依职权依法调取了某县自然资源和规划局作出的〔2020〕29号《行政处罚决定书》，上面载明的罚款金额与被处罚人宜成公司转入某县财政局的金额一致。

问题：

1. 某县上罗镇人民政府作出《限期腾空移交告知书》是什么性质的行政行为？是否属于行政诉讼受案范围？

2. 某县自然资源和规划局向游某菊、余某先、王某作出的《回复》是否合法？为什么？

3. 某县人民政府于2020年12月10日作出的《行政复议决定书》是否合法？为什么？

4. 游某菊、余某先、王某不服复议决定，应当以谁为被告提起行政诉讼？

5. 本案中被诉行政行为的合法性由谁承担举证责任？

6. 法院应当如何判决？

七、**案情**：安徽平川旅游股份有限公司（以下简称平川公司）成立于2020年10月，注册资本为2000万元。孙璞玉担任公司总经理兼法定代表人。安徽城投发展有限公司（以下简称城投公司）持有平川公司100万张股票。蒙城海阔旅游有限公司（以下简称海阔公司）开展特色旅游，发展迅速，口碑良好，甲、乙两人分别持有海阔公司50%的股权。为了能够快速扩大规模，平川公司拟对城投公司和海阔公司进行整合。为此，2021年2月平川公司召开股东大会会议，对下列事项进行审议：

（1）吸收合并城投公司；

（2）出资500万元，收购甲、乙持有的海阔公司股权。

对于吸收合并城投公司事项，高远（持有股份比例为1%）表示反对，殷士达（持有股份比例为2%）本打算同高远一同反对合并事项，但看到大多数股东均赞同，遂在投票时表示赞同。最终以90%的同意比例通过了合并的决议。全体股东一致同意通过了收购甲、乙股权的决议。

2021年2月末，高远、殷士达均要求平川公司收购其所持有的股份。

乐美广告公司（以下简称乐美公司）是平川公司的供应商，对平川公司享有100万元的债权，根据约定付款期限为2021年底。乐美公司担心平川公司合并后偿债能力下降，遂在接到两公司的合并通知后要求平川公司清偿债务，平川公司以债务未到期为由拒绝。

2021年3月，平川公司董事会要求尽快落实股东大会决议，黄灿作为公司法务部负责人认为：

城投公司、海阔公司应成立清算组，开展清算工作，清算完成后办理注销登记。孙璞玉认为黄灿毫无法律常识，其领导的法务部没有存在的必要，遂决定：解聘黄灿，同时撤销法务部，将法务部职能划归行政部。

2021年4月，平川公司完成对城投公司和海阔公司的整合，平川公司财务负责人王程建议，应当建立平川公司与海阔公司之间的财务隔离制度，以减少平川公司的风险，得到了孙璞玉的赞同。

问题：

1. 高远、殷士达要求平川公司收购其股份，能否得到法院的支持？

2. 平川公司与城投公司合并后，城投公司所持有的平川公司股份应如何处理？

3. 平川公司拒绝乐美公司的偿债要求，是否符合法律规定？

4. 黄灿的说法是否正确？

5. 孙璞玉的决定是否符合公司法律制度？

6. 王程的提议是否合理？为什么？

C卷

一、（本题35分）

材料一： 伟大时代孕育伟大理论，伟大思想引领伟大征程。习近平法治思想是顺应实现中华民族伟大复兴时代要求应运而生的重大理论创新成果，是马克思主义法治理论中国化的最新成果，是全面依法治国的根本遵循和行动指南。习近平法治思想是着眼中华民族伟大复兴战略全局和当今世界百年未有之大变局，顺应实现中华民族伟大复兴时代要求应运而生的重大战略思想。

摘自《求是》

材料二： 各级领导干部要带头依法办事，带头遵守法律，始终对宪法法律怀有敬畏之心，牢固确立法律红线不能触碰、法律底线不能逾越的观念，不要去行使依法不该由自己行使的权力，更不能以言代法、以权压法、徇私枉法。不懂这个规矩，就不是合格的领导干部。如果领导干部不遵守法律，怎么让群众遵守法律？……领导干部不论职务多高、资历多深、贡献多大，都要严格按法规制度办事，坚持法规制度面前人人平等、遵守法规制度没有特权、执行法规制度没有例外。越是领导干部，越是主要领导干部，越要自觉增强法规制度意识，以身作则，以上率下，尤其要善于依法规制度谋事、依法规制度管人、依法规制度用权，自觉维护法规制度的严肃性和权威性。

摘自习近平总书记《在十八届中央政治局第二十四次集体学习时的讲话》

材料三： 事实证明，领导干部对法治建设既可以起到关键推动作用，也可能起到致命破坏作用。如果我们的领导干部不能尊法学法守法用法，不要说全面推进依法治国，不要说实现“两个一百年”奋斗目标、实现中华民族伟大复兴的中国梦，就连我们党的领导、我国社会主义制度都可能受到严重冲击和损害。

摘自习近平总书记《在省部级主要领导干部学习贯彻党的十八届四中全会精神全面推进依法治国专题研讨班上的讲话》

问题：

根据以上材料，结合习近平法治思想，谈谈你对坚持抓住领导干部这个“关键少数”的理解。

答题要求：

1. 观点正确，表达完整、准确；

2. 无观点或论述，照搬材料原文不得分；

3. 总字数不少于600字。

二、**案情：**甲、乙二人共谋晚上盗窃某仓库的货物。按照分工，甲翻进仓库寻找作案目标，被保安赵某发现，甲将赵某打晕，致其轻伤。甲将货物（价值2万元）扔出窗户，甲、乙准备离开时被巡逻的另一保安李某发现，甲、乙二人为抗拒抓捕共同对李某实施暴力，将其打成重伤，但查不清楚是谁的行为导致李某重伤，之后二人逃离事故现场。（事实一）

甲生活无所着落，为勒索财物而关押刘某，因无法联系上刘某的家人，心生愤懑，遂殴打刘某，致使刘某不慎摔倒在地，因后脑勺砸地，经抢救无效而死亡。但现有证据无法证明甲具有杀人故意还是伤害故意。（事实二）

乙逃跑后来到洗浴中心洗澡，见钱某在休息厅睡觉，并将88号衣柜钥匙牌放在茶几上，乙将钥匙牌拿走。到更衣室后，乙对洗浴中心的服务员说，自己和88号衣柜的客人是朋友，让服务员打开第一道锁，自己用盗来的钥匙打开第二道锁，窃取2万元后，将钥匙放回原处。（事实三）

甲发现乙生活如此潇洒后心生不满，雇请周某杀害乙，周某同意。甲事先给了周某2万元的预备费用，约定杀害乙后，再给周某18万元。周某的女友丁得知后对周某说：“甲为啥自己不杀，要你杀？”周某遂放弃了杀乙的念头，与丁共同消费了甲给付的2万元。几天后，乙因重病死亡，周某趁机对甲说：“我已经杀了乙，警察已经在通缉我，你得再给我18万元，否则我要揭发你。”于是，甲给了周某18万元。周某将真相告诉丁，并将18万元交给丁保管。事后甲发现了真相，要求周某将20万元归还，但周某拒不归还。（事实四）

问题：

1. 关于事实一，对于甲、乙的行为如何评价？是否存在不同观点？你认为哪种观点更合理？

2. 关于事实二，有人主张甲的行为成立绑架罪与过失致人死亡罪，应当并罚；有人主张甲的行为成立故意杀人罪既遂。你认为哪种观点更合理？为什么？

3. 关于事实三，有观点认为乙的行为成立侵占罪，有观点认为成立诈骗罪，你是否赞同？你的观点什么？（可以是两种观点之外的观点）

4. 关于事实四，如何评价甲、周某和丁的行为？

三、**案情**：6月27日，家住W市的甲、乙、丙因共同受贿被K省W市监察委员会采取留置措施，W市监察委员会于7月10日移送W市检察院审查起诉，W市检察院对甲、乙、丙先行拘留并解除留置，W市检察院于7月29日对三人决定逮捕。在审查起诉时，W市检察院认为该案需要补充核实，于8月25日退回W市监察委员会补充调查，W市监察委员会9月29日补充调查完毕，移送W市检察院审查起诉，W市检察院认为甲犯罪情节轻微，可免除处罚，决定不起诉；认为乙如实供述犯罪事实，且有重大立功表现，报经最高人民法院核准，作出不起诉决定。W市监察委员会对甲的不起诉决定不服，向W市检察院提请复议，W市检察院维持原不起诉决定。W市检察院对丙向W市中级法院提起公诉，W市中级法院鉴于丙正在怀孕，决定对丙指定居所监视居住。在监视居住期间，丙提出回家探望生病的父母，W市公安局予以准许。之后，丙通过伪造出入境证件，潜逃至新加坡。W市中级法院报请最高人民检察院核准，对该案适用缺席审判程序。W市中级法院给丙的父亲送达了起诉书副本和传票，让丙的父亲向丙转达。之后，丙未到案。在缺席审理时，W市检察院派员出庭，W市法律援助中心指派值班律师丁出庭为丙提供法律帮助。丙的父亲参加庭审，对检方出示的证据发表意见，并代丙做最后陈述。W市中级法院判处丙受贿罪，有期徒刑13年。丙的父亲征得丙的同意后，提出上诉。

问题：

1. 请指出本案诉讼程序存在的违法之处，并说明理由。

2. K省高级法院在二审过程中以及二审裁判生效后，丙被遣返回国，法院分别应当如何处理？

四、**案情**:【1】自然人甲、乙、丙出资设立了A**公司**。A公司**独资**设立了B**公司**,B公司登记的主要经营范围为医用产品的制造与销售。2019年12月1日,A公司、B公司与C**银行**订立《2020年度融资担保三方协议》约定:"①2020年度,B公司可根据业务需要随时向C银行借款;②B公司以其现有以及将有的动产设立动产浮动抵押担保;③A公司向C银行提供**最高额保证**担保,担保的最高债权额为1亿元,保证方式为连带责任保证,保证期间为6个月(未约定保证期间的计算方式与起算时间);④若B公司到期无力清偿基于《2020年度融资担保三方协议》对C银行的借款债务,C银行应当**先请求**A公司对全部借款债务承担最高额保证责任。"A公司就向C银行提供该最高额保证未召开股东会或者董事会形成决议,C银行于合同订立时**知情**。B公司与C银行于2019年12月5日办理了动产浮动抵押权的设立登记。

【2】未经C银行同意,2020年11月1日,B公司将1万套防护服(属医用产品)以市价出卖给**五湖医院**并交付。未经C银行同意,2020年12月1日,B公司将一套生产防护服的生产设备以市价出卖给**四海公司**并交付。后,因B公司无力清偿基于《2020年度融资担保三方协议》对C银行负担的三笔借款债务(第一笔与第二笔借款分别于2020年11月1日和2020年12月1日到期,第三笔借款于2021年3月1日到期,三笔借款总额不足1亿元),2021年7月1日,C银行按约请求A公司承担最高额保证担保责任(此前,C银行未以任何方式对A公司主张过权利)。

【3】2020年10月1日,**甲**、**乙**订立《A房屋买卖合同》约定:"甲将其A房屋出卖给乙,甲须于2020年12月1日前为乙办理完毕A房屋的过户登记。"2020年11月1日,甲又将A房屋出卖给丙,并于当日**为丙办理了过户登记**。此后,甲向乙建议解除双方的《A房屋买卖合同》,**乙不同意解除合同**并要求甲想办法履行为乙办理A房屋过户登记的义务。如此僵持多日后,2021年3月1日,甲诉请法院依照《民法典》的规定判决解除甲、乙间的《A房屋买卖合同》,一审法院以甲属于违约方并且《A房屋买卖合同》的订立以及双方当事人争议的主要事实均发生于《民法典》实施以前为由判决驳回甲的诉讼请求,甲不服提起上诉,二审法院拟依照法律的规定直接判决。

【4】2022 年 3 月 1 日，为担保 A 公司对**北海公司**的一笔 2000 万元的短期借款债务，B 公司向北海公司提供连带责任保证担保（A 公司对此以书面方式表示同意）。2022 年 6 月 1 日，因 A 公司到期未偿还借款债务，北海公司诉请 B 公司承担连带责任保证，诉讼中，B 公司以向“北海公司”提供保证担保时违反《公司法》关于公司对外担保决议程序为由主张不承担保证责任，法院未支持这一抗辩，判决 B 公司承担保证责任。因承担该保证责任，致使 B 公司无力清偿对**南洋公司**于 2022 年 7 月 1 日到期的 1500 万元金钱债务。未起诉 B 公司，“南洋公司”于 2022 年 8 月 1 日仅以 A 公司为被告提起公司法人人格否认诉讼，诉请否认 B 公司法人人格并判令 A 公司对 B 公司的 1500 万元债务承担连带责任。诉讼中，A 公司不能举证证明 A 公司与 B 公司财产独立。

问题：

1. 若 C 银行于 2021 年 7 月 1 日请求 A 公司按约承担最高额保证担保责任时，A 公司以提供该最高额保证未召开股东会（董事会）形成同意担保的有效机关决议为由拒绝承担保证责任，这一抗辩能否成立？为什么？

2. 若 C 银行于 2021 年 7 月 1 日请求 A 公司承担最高额保证时，A 公司以 6 个月的保证期间届满为由，拒绝承担最高额保证责任，这一抗辩能否成立？为什么？

3. 假设 A 公司按约对 C 银行承担了最高额保证责任。在向 B 公司追偿的过程中，A 公司调查确定 B 公司于 2020 年 11 月 1 日出卖给五湖医院的 1 万套防护服仍存放在医院的库房中，A 公司是否有权主张对这 1 万套防护服行使抵押权优先受偿？为什么？

4. 假设 A 公司按约对 C 银行承担了最高额保证责任。在向 B 公司追偿的过程中，A 公司发现 B 公司于 2020 年 12 月 1 日出卖给四海公司的生产防护服的生产设备在市场上比较抢手，A 公司是否有权主张对该生产设备行使抵押权优先受偿？为什么？

5. 甲于 2021 年 3 月 1 日诉请法院判决解除甲、乙间的《A 房屋买卖合同》的诉讼请求，一审法院以“甲属于违约方并且《A 房屋买卖合同》的订立以及双方当事人争议的主要事实均发生于《民法典》施行以前”为由判决驳回。一审法院的这一做法是否符合法律规定？为什么？

6. 甲、乙间的《A 房屋买卖合同》纠纷，甲不服一审判决提起上诉后，依照法律的规定，二审法院可以如何判决？为什么？

7. 北海公司于2022年6月1日诉请B公司承担连带责任保证时，B公司以向北海公司提供保证担保时违反《公司法》关于公司对外担保决议程序为由主张不承担保证责任，这一抗辩理由能否成立？

8. 2022年8月1日，未起诉B公司，南洋公司仅以A公司为被告提起公司人格否认诉讼，诉请否认B公司法人人格并判令A公司对B公司的1500万元债务承担连带责任，法院应当如何安排当事人？

9. 根据我国现行民法的规定，在南洋公司与B公司的1500万元借款债务纠纷中，法院是否可以否认B公司的法人人格，判令A公司对B公司的1500万元债务承担连带责任？为什么？

五、**案情：**欢跃玩具有限公司（以下简称欢跃公司）于2018年9月9日注册成立，主要从事儿童桌面玩具的研发和生产，注册资本200万元，刘鸣是该公司唯一的股东，同时担任执行董事和法定代表人。欢跃公司成立后发展势头迅猛，2019年12月，欢跃公司进行了外部融资，融资金额600万元，其中文创科技公司认缴400万元，姜小新认缴200万元，公司注册资本变更为800万元并相应的修改了公司章程。依据新的公司章程，刘鸣仍然担任欢跃公司的法定代表人，公司监事由文创科技公司派遣到欢跃公司的刘大明担任。

2021 年 3 月初，姜小新发现刘鸣在 2020 年 5 月 25 日另外设立了一家同样从事益智玩具生产研发的红心玩具制造有限责任公司（以下简称红心公司），刘鸣担任该公司的法定代表人。自红心公司成立后，欢跃公司的业绩连年下滑，有证据显示刘鸣将大量属于欢跃公司的交易机会输送给了红心公司。

2021 年 3 月 6 日，姜小新要求刘大明代表欢跃公司起诉刘鸣，刘大明对此明确表示拒绝和反感。2021 年 3 月 27 日，姜小新以自己的名义提起诉讼，以刘鸣违反董事义务为由，要求刘鸣向欢跃公司承担侵权损害赔偿责任。在法院受理姜小新的起诉后，欢跃公司于 2021 年 4 月 16 日召开股东会议，会议决定，鉴于姜小新至今仍未完成其认缴股款的实际缴纳，将姜小新从欢跃公司中除名。对该除名决定，除姜小新表示反对外，其他股东均投赞成票。在该除名决议通过后，欢跃公司向法院主张姜小新已经被公司除名，其不再是欢跃公司的股东，因此姜小新已经无权提起派生诉讼。

2021 年 5 月 6 日，姜小新提起诉讼，请求法院确认该除名决议无效并恢复其股东资格。与此同时，姜小新还申请法院将派生诉讼与股东除名决议无效之诉合并审理。

此外，在欢跃公司与佰旺集团的买卖合同诉讼以及欢跃公司与大力公司的专利权诉讼中，欢跃公司均败诉，法院分别判令欢跃公司向佰旺集团支付违约金 285 万元，向大力公司支付侵权损害赔偿金 510 万元。

问题：

1. 在姜小新提起的派生诉讼中，如何确定当事人的诉讼地位？

2. 欢跃公司向法院主张，姜小新因股东资格被剥夺而不能继续进行派生诉讼，法院应当如何处理主张？

3. 法院是否应当将股东派生诉讼与股东除名决议无效之诉合并审理？请说明原因。

4. 如果法院最终支持了姜小新对刘鸣的派生诉讼请求，在刘鸣拒绝履行判决时，谁可以申请对该判决强制执行？请拟定一份强制执行申请书。

5. 如果佰旺集团和大力公司先后申请法院对欢跃公司进行强制执行，并在执行程序中发现欢跃公司的全部资产无法足额清偿佰旺集团和大力公司的债权，此时法院执行部门依法应当如何处理？

六、**案情：**江源市为了推动全民健身计划，决定建设该市全民健身广场。根据相关部门的研究协调，决定于该市鸣鹤区征收土地进行建设。位于征地范围内的该区居民杨某对征收决定不服，向有关部门提出申诉，然而一直未得到相关答复。

2020 年 10 月 9 日，杨某向江源市鸣鹤区住房和城乡建设规划局提出政府信息公开申请，申请公开该市全民健身广场项目拆迁时，该市住建委向鸣鹤区住房和城乡建设规划局核发《房屋拆迁许可证》时的相关信息，具体包括申请领取拆迁许可证的申请书的内容、收到申请书的时间、审查人员名单以及主管领导名单等。

按照相关法律法规的规定，区住房和城乡建设规划局应在接到申请后的15个工作日内给予答复，然而区住房和城乡建设规划局收到该申请却一直未在法律规定期限内及时作出答复。同年11月2日，杨某以区住房和城乡建设规划局不履行政府信息公开法定职责为由，以区住房和城乡建设规划局为被告起诉至人民法院，请求人民法院依法确认被告未在法定期限内对原告提出的信息公开申请未在法定期限内作出答复的行为违法，责令被告就原告申请事项作出书面答复并承担诉讼费。

被告区住房和城乡建设规划局向原告作出答复称，该信息是否公开应当经市住建委批准方可作出答复，原告不符合信息公开的申请条件，同时该信息也不属于《政府信息公开条例》规定的政府信息，所以市住建委批复不予公开，因此拒绝向原告答复的做法并不违法。另外，该案应以市住建委而非区住房和城乡建设规划局为被告提起诉讼，因而该案被告确定有误，应予更正。

杨某向鸣鹤区政府申请政府信息公开，要求公开该小区分户补偿情况信息。鸣鹤区政府以该信息涉及住户个人隐私为由，作出了拒绝公开的答复。

问题：

1. 杨某是否具有申请人资格？为什么？

2. 被告鸣鹤区住房和城乡建设规划局不予答复的行为是否合法？为什么？

3. 鸣鹤区住房和城乡建设规划局认为该信息不属于《政府信息公开条

例》规定的政府信息的理由能否成立？为什么？

4. 鸣鹤区政府决定不予公开是否合法？为什么？

5. 应如何确定本案的被告？

6. 若人民法院经审理认为被告应当依法公开信息，则应当如何判决？

七、**案情：**丰收谷物有限公司（以下简称丰收公司）成立于2015年1月，注册资本为1000万元，注册地为北京市海淀区。股东为钟诚（持股比例为34%），韩静（持股比例为33%，任执行董事），李松（持股比例为20%），刘安（持股比例为13%）。公司章程约定四方股东应当于公司成立之日起3个工作日内一次性缴足出资，但钟诚一直没有履行出资义务。

2016年2月10日，韩静建立名为"公司股东一家亲"的微信群，将全部股东加入该微信群。在该微信群内，韩静发送信息：

（1）拟设立董事会，成员3名，由韩静担任董事长；不再设立执行董事。

（2）公司主要财产之一（玉米仓，占公司资产总额的38%）转让给玉田商贸公司。

同意请回“1”，反对请回“2”，请于当天22时前回复。

在韩静规定的时间内，韩静、李松回复“1”，钟诚认为以上两事项均不妥，回复“2”，表示反对；刘安认为在微信群召开股东会会议，一点都不严肃，故回复“2”以表示抗议。韩静认为钟诚未出资，故其不应当享有表决权，股东会决议时应当将其剔除在外。后在韩静主导下，丰收公司向钟诚发出《催收函》，要求其在10日内缴纳全部出资，否则将对其进行除名。钟诚回函称：其享有34%的表决权，若其不同意，谁都不能将其除名。

根据上述决议，公司办理了变更登记。钟诚向法院起诉主张撤销股东会决议。刘安也要求丰收公司回购其股权以退出。

在韩静的操作下，玉米仓以明显低价卖给了韩静的弟弟。李松请求公司监事会介入维权，但监事会1个月来一直没有回复，李松遂向法院提起代表诉讼以维护公司的利益。诉讼中，李松与韩静达成和解协议：韩静赔偿公司所受损失的80%，丰收公司其他股东得知后均强烈反对。

问题：

1. 韩静关于钟诚不享有表决权的看法是否正确？

2. 钟诚关于公司无法将其除名的说法，是否正确？

3. 钟诚向法院主张撤销股东会决议，能否得到法院的支持？

4. 刘安要求丰收公司回购其股权，能否得到法院的支持？

5. 在李松提起的诉讼中，应当如何确定当事人？

6. 对于李松与韩静达成的和解协议，法院应当如何处理？

D卷

一、(本题35分)

材料一：坚持以人民为中心。全面依法治国最广泛、最深厚的基础是人民，必须坚持为了人民、依靠人民。要把体现人民利益、反映人民愿望、维护人民权益、增进人民福祉落实到全面依法治国各领域全过程。保证人民在党的领导下通过各种途径和形式管理国家事务、管理经济文化事业、管理社会事务，保证人民依法享有广泛的权利和自由、承担应尽的义务。

推进全面依法治国，根本目的是依法保障人民权益。随着我国经济社会持续发展和人民生活水平不断提高，人民群众对民主、法治、公平、正义、安全、环境等方面的要求日益增长，要积极回应人民群众新要求新期待，坚持问题导向、目标导向，树立辩证思维和全局观念，系统研究谋划和解决法治领域人民群众反映强烈的突出问题，不断增强人民群众获得感、幸福感、安全感，用法治保障人民安居乐业。

摘自习近平《2020年11月16日在中央全面依法治国工作会议上讲话》

材料二：完善正确处理新形势下人民内部矛盾有效机制。坚持和发展新时代“枫桥经验”，畅通和规范群众诉求表达、利益协调、权益保障通道，完善信访制度，完善人民调解、行政调解、司法调解联动工作体系，健全社会心理服务体系和危机干预机制，完善社会矛盾纠纷多元预防调处化解综合机制，努力将矛盾化解在基层。

摘自《中共中央关于坚持和完善中国特色社会主义制度推进国家治理体系和治理能力现代化若干重大问题的决定》

材料三：坚持和发展新时代“枫桥经验”，加强诉源治理，畅通和规范群众诉求表达、利益协调、权益保障通道，完善社会矛盾多元预防调处化解综合机制，努力将矛盾化解在基层，做到“小事不出村、大事不出乡”。加强基层人民法院和人民法庭对人民调解工作的指导，完善基层人民调解组织网络，积极发展乡村专职人民调解员队伍，加强对人民调解员法律政策、专业知识和调解技能等方面的培训，充分发挥人民调解在化解基层矛盾纠纷中的主渠道作用。整合矛盾纠纷化解资源力量，促进调解、仲裁、行政裁决、行政复议、诉讼等有机衔接。

摘自《关于加强法治乡村建设的意见》

问题：

根据以上材料和你对习近平法治思想关于坚持以人民为中心的理解，结合自身学习和工作，谈谈坚持和发展新时代“枫桥经验”的重要意义。

答题要求：

1. 观点正确，表达完整、准确；
2. 无观点或论述，照搬材料原文不得分；
3. 总字数不少于 600 字。

二、**案情：**某县民政局局长赵某为竞争公安局局长职位，找到时任县长的发小钱某，希望钱某能帮助自己。钱某向赵某提出，因自己最近准备去澳门考察，想去赌场碰碰运气，希望借用民政局抢险、救灾款 500 万元，并表示 3 个月后归还，赵某遂将款项转给钱某。几天后，赵某暗示钱某，其中 300 万元已经通过虚构救灾领款人的方式平账。3 个月后钱某从澳门回来，将 200 万元交给赵某，但由于赵某已经顺利成为公安局局长，至案发前一直未归还民政局。(事实一)

钱某的妻子孙某（县中学教师）的小学同学李某成立了一家旅游开发有限公司，并给予孙某 40% 的股份。孙某给县里相关部门负责人通气后，该旅游开发公司承包了县里多个旅游景点。在之后的两年中，孙某共收取了 1000 万元分红。李某在经营过程中遭到竞争对手举报，遂向孙某求助。孙某将真相告知了钱某，钱某要求孙某将 1000 万元退还李某，但孙某表示钱已经花掉，自己没钱退还李某。钱某遂表示自己会想办法解决，并要求孙某“下不

为例”。孙某发短信告知李某“钱已知真相，会解决问题，安心”。（事实二）

李某在某豪华会所按照性服务工作者刘某（女）的“出场费”（每天5万元）雇请刘某。李某约钱某赴宴，趁钱某酒醉，安排刘某与钱某发生了性关系。3个月后，李某对钱某谎称刘某怀孕，刘某要求钱某付其100万元以了此孽缘，钱某深感焦虑和恐惧。李某对钱某谎称自己愿意为其垫付其中的100万元，钱某欣然接受。（事实三）

钱某觉得自己可能中了圈套。在李某再次要求“关照”时，钱某主动要求李某给自己50万元，李某遂给予钱某一张已经中奖50万元的彩票。钱某当天将彩票交给孙某，并告知真相，孙某去兑奖后购买了黄金，然后将黄金交给了钱某。但钱某并未“关照”李某。（事实四）

问题：

根据刑法规定和刑法理论分析本案中各行为人的行为性质和刑事责任，并说明理由。

三、**案情：** R村村民苗某（系聋哑人）为发泄不满、报复社会，持匕首朝R村村委会主任雷某连扎数刀，致雷某终身瘫痪。P省Z市公安局对苗某拘留后，侦查人员在指定的某咖啡厅询问了证人康某。在搜查苗某的住所时，由雷某的母亲王某担任见证人。在侦查期间，苗某的侄女苗甲以苗某身患严重肺结核病为由，向Z市公安局申请取保候审并要求自己担任保证人，Z市公安局以“苗甲在12年前曾因绑架罪被判刑10年”为由，拒绝苗甲担任保证人，要求其缴纳保证金。在取保候审期间，Z市公安局要求苗某须经公安机关批准才可更换自己的手机号码。在取保候审期间，苗某严重违反规定，Z市公安局对苗某先行拘留，在拘留后，Z市公安局以有碍侦查为由，未通知苗某的家属。Z市公安局在拘留期间报请Z市检察院批准逮捕，Z市检察院作出批准逮捕的决定。苗某委托的辩护律师唐某申请Z市检察院进行羁押必要性审查，Z市检察院刑事执行检察部门进行审查后，认为苗某不需要继续羁押，做出了释放苗某的决定并通知Z市公安局。Z市公安局对该案侦查终结，移送Z市检察院审查起诉，之后，Z市检察院向Z市中级法院提起公诉。Z市中级法院召开庭前会议，在庭前会议中，苗某申请证人钱某出庭作证，法院在庭前会议中予以驳回。法院在庭前会议中听取控辩双方对案件事实、证据材料的意见后，认为该案明显事实不清、证据不足，于是建议检察院补充侦查，Z市检察院未同意。在审理中，唐某提出苗某作案时可能有精神病，需要重新鉴定，法院裁定中止审理，法院委托鉴定人对苗某进行重新鉴定后恢复审理，唐某在第二次开庭时未出庭，法院经过苗某同意，继续审理。在审理时，雷某的诉讼代理人方某申请有专门知识的人董某出庭，董某在法庭上认为苗某有先天性精神病，本案现有证据不能认定苗某有罪。公诉人徐某在法庭上要求对董某发问，审判长不予准许。在法院宣判前，Z市检察院发现苗某还曾强奸同村妇女陆某，遂补充起诉。Z市中级法院在审结后，鉴于苗某有重大立功情节，以故意杀人罪和强奸罪，判处苗某有期徒刑15年。苗某提出上诉，P省高级法院以事实不清为由，发回Z市中级法院重新审理，Z市中级法院认为，苗某的重大立功不成立，遂改判苗某无期徒刑。苗某又提出上诉，P省高级法院经过开庭审理，认为苗某的两罪事实清楚，证据充分，但在作案时确实有精神病，符合强制医疗条件，于是改判苗某无罪，并对苗某作出强制医疗决定。

问题：

1. 请指出本案诉讼程序存在的违法之处，并说明理由。

2. 针对Z市检察院补充起诉苗某的强奸犯罪事实，如何保障苗某的辩护人唐某的辩护权？

3. 若苗某不服一审判决提出上诉，P省高级法院以事实不清为由，发回Z市中级法院重新审理。在重审时，Z市检察院将强奸罪变更为强制猥亵罪，Z市中级法院改判苗某有期徒刑10年。Z市检察院抗诉，P省高级法院是否可以改判苗某有期徒刑13年？为什么？

四、**案情**：【1】2020年9月，**甲公司**向单位职工集资取得借款后，将其中的100万元借给**赵某**，约定借期1年，按15%的年利率支付借期利息。为担保赵某1年后还本付息义务的履行，**钱某**与甲公司订立书面保证合同约定："钱某**知悉**甲公司向赵某提供借款的资金来源。为担保赵某对甲公司的还款义务，钱某向甲公司提供连带责任保证担保，且保证合同属于**独立保证**，即**保证合同效力不受赵某与甲公司借款合同效力的影响**。"甲公司按约向赵某提供了100万元的借款。2021年9月，约定的借期届满后，赵某无力向甲公司偿还借款，甲公司请求钱某承担保证责任。

【2】2020年11月1日，甲公司与**乙公司**订立借款合同约定："甲公司将自有资金借给乙公司100万元，借期1年，自2020年11月2日至2021年11月1日。按24%的年利率支付借期利息。"甲公司按约向乙公司提供了借款。2021年8月1日，甲公司调查发现，乙公司的信用状况十分糟糕，乙公司除对**丙公司**享有数额为90万元的到期价款债权外，几乎无其他财产，且乙公司一直没有向丙公司主张过权利。甲公司感到十分紧张，2021年8月5日，甲公司以丙公司为被告提起行使代位权的诉讼，主张代位行使乙公司对丙公司的90万元的到期价款债权，诉请丙公司向甲公司履行丙公司对乙公司负担的90万元价款债务。

【3】2021年9月，甲公司得知，人民法院受理了丙公司破产的案件，但乙公司仍然无动于衷，未向丙公司主张过权利。甲公司更感紧张，专门为此事请教孙律师。

【4】2021年10月，**李某**以甲公司为被告诉至法院，诉称："甲公司于2020年9月向李某借款100万元，借期1年，约定按7%的年利率支付利息。现甲公司未按约定还本付息，请求法院判令甲公司按约还本付息。"人

民法院受理李某对甲公司的起诉后的一周内，又有十数人对甲公司提起诉讼，诉称的情况与李某类似。法院综合分析整理案情后发现过去几年，甲公司未经金融主管部门批准，擅自向公众借款后，又高息转贷给他人谋取利息，涉嫌“非法吸收公众存款罪”。法院于是向公安经侦部门出具了司法意见，经经侦部门立案侦查，检察机关审查起诉，案件进入刑事审判阶段。

问题：

1. 2020 年 9 月，甲公司与赵某间本金为 100 万元的借款合同，效力如何？为什么？

2. 2020 年 9 月，甲公司与钱某间的保证合同，效力如何？为什么？

3. 2021 年 9 月，赵某无力向甲公司偿还借款，对赵某不能清偿的部分，甲公司是否有权请求钱某承担责任？为什么？

4. 甲公司与乙公司于 2020 年 11 月 1 日订立的借款合同约定“借款人乙公司按 24% 的年利率支付借期利息”，根据我国现行法的规定，这一约定的效力如何？为什么？

5. 甲公司于2021年8月5日以丙公司为被告提起的代位权诉讼，法院应否支持？为什么？

6. 2021年9月，甲公司得知丙公司破产后乙公司一直未向丙公司主张过权利的事实后，向孙律师咨询。为及时、合法地维护甲公司的权益，孙律师应提供如何内容的咨询意见？

7. 若法院经审理判决认定甲公司向公众借款的行为成立“非法吸收公众存款罪”，李某与甲公司于2020年9月订立的数额为100万元的借款合同是否应当因此认定为无效？为什么？

8. 在有理由怀疑甲公司涉嫌“非法吸收公众存款罪”时，已经受理李某于2021年10月诉请甲公司返还借款本息案件的法院，是否必须中止该案件的审理？为什么？

五、**案情**：17岁的少年王大力与母亲范丽丽相依为命。因家境贫寒，经常被同学赵小飞（18岁）鄙视。但王大力聪慧过人，在参加“迎春杯”数学比赛获全国一等奖后，被当地教育机关奖励了5万元。王大力兴奋之下，指使自己的好友袁辉（19岁）向赵小飞报仇，并表示出了事儿自己有钱赔。袁辉遂将赵小飞打伤。王大力和赵小飞的班主任王刚强发现后，担心事态升级，立即将赵小飞送往医院手术，由于赵小飞的父亲赵永平在国外出差，王刚强垫付了住院费2万元。后王刚强被学校派往外地学习。

赵永平回国后得知女儿受伤，十分气愤，以赵小飞的名义向法院起诉袁辉，要求赔偿医疗费等各项损失8万元。袁辉在开庭审理中承认是自己将赵小飞打伤，与他人无关，一审法院遂判决支持了赵小飞的全部诉讼请求。袁辉向王大力协商如何支付赔偿款，王大力表示自己只有5万元奖金，剩余赔偿款需要袁辉自己承担。袁辉大惊，立即以赔偿数额过高为由提出上诉，并在上诉状中指出，是王大力指使自己将赵小飞打伤，应当由王大力承担责任。赵小飞知悉后也向二审法院提出，要求追加王大力作为责任人。

问题：

1. 袁辉在一审中已经承认是自己将赵小飞打伤，在上诉状中又提出系王大力指使，二审法院是否可以对该事实予以审查？请说明理由。

2. 请根据本案案情，分析王大力和母亲范丽丽在二审中可能的诉讼地位。

3. 假如在二审审理的过程中，袁辉提出自己曾经帮赵小飞追星应援，赵小飞承诺劳务费 1 万元但一直未支付，现要求用劳务费抵销自己的赔偿款。赵小飞承认曾找袁辉帮忙追星，但对于 1 万元的金额不认同，认为双方未谈及价款，至多应当支付误工费 1000 元。法院应当如何处理袁辉提出的抵销主张？

4. 假如法院判决袁辉向赵小飞给付 8 万元，因袁辉拒绝履行，案件进入执行程序。法院冻结了袁辉的银行存款 5 万元。此时，王刚强从外地学习归来，发现赵小飞在计算损失时遗漏了自己垫付的 2 万元住院费（即加上该笔垫付款，赵小飞实际损失为 10 万元）。王刚强向赵小飞讨要（A 方案），赵小飞认为自己是受害人，袁辉的执行款尚不足 8 万元，如果再向王刚强支付 2 万元，则自己的损害无法填平。王刚强向袁辉索赔（B 方案），袁辉表示王刚强自己多管闲事，且法院已经判决自己针对打人事件只需要赔付 8 万元。也有人建议王刚强通过执行异议（C 方案）、第三人撤销之诉（D 方案）或再审程序（E 方案）寻求救济。现王刚强向你讲述了事情经过，希望通过合法的诉讼程序实现 2 万元债权，他恳切地问你："您看我还有机会吗？"

请简要分析上述 A、B、C、D、E 五种方案的利弊，替王刚强找到最优路径。

六、**案情**：2008 年 3 月 7 日至 2009 年 3 月 30 日期间，杭州金菱公司向海关申报从日本天间公司（Tentok Corporation）进口半透明纸、装饰用半透明纸 20 票，共计 501971 千克，印刷木纹用纸 2 票，共计 27929 千克，申报价格共计 CIF 493532.16 美元。因涉嫌偷逃税款，上海海关缉私局于 2009 年 4 月 1 日对杭州金菱公司以走私普通货物立案侦查，于 2011 年 6 月 2 日向检察机关移送起诉。2011 年 7 月 20 日，检察机关出具《退回处理函》，以杭州金菱公司犯罪情节轻微为由，退回作行政处理。2011 年 11 月 8 日，上海海关缉私局将案件移送上海浦东国际机场海关。同月 15 日，浦东机场海关行政立案。2013 年 4 月 11 日，因吴淞海关为本案所涉货物的主要进口口岸，浦东机场海关将案件移送吴淞海关处理。2014 年 9 月 9 日，吴淞海关向杭州金菱公司作出《行政处罚告知书》，告知拟处罚的事实、理由、依据及杭州金菱公司依法享有的权利。杭州金菱公司于同月 12 日提出听证申请。同年 10 月 11 日，吴淞海关组织听证。杭州金菱公司在听证过程中提出其在刑事侦查阶段曾提供过一套原始发票。上海市公安局物证鉴定中心受吴淞海关委托对杭州金菱公司提供的材料进行鉴定，并出具了鉴定书。2015 年 5 月 8 日，吴淞海关再次发出《行政处罚告知书》，杭州金菱公司再次提出听证申请。同年 6 月 5 日，吴淞海关组织第二次听证，听取了杭州金菱公司的申辩意见。2015 年 7 月 24 日，吴淞海关对该案进行了最终复核，认为杭州金菱公司违法事实清楚，证据确凿，其申辩理由不成立。2015 年 10 月 14 日，吴淞海关作出沪关缉查字〔2015〕7 号行政处罚决定，并于次日送达决定书。该处罚决定认定：2008 年 3 月 7 日至 2009 年 3 月 30 日期间，杭州金菱公司以一般贸易方式向海关申报进口半透明纸、装饰用半透明纸 20 票，共计 501971 千克，申报商品编号 48064000。印刷木纹用纸 2 票，共计 27929 千克，申报商品编号 48119000。上述 22 票货物申报价格共计 CIF 493532.16 美元，对应进口关税税率均为 7.5%。经查，杭州金菱公司伪报进口货物价格，上述 22 票货物实际价格应为 CIF 763842 美元。经核定，货物价值共计人民币 6603982.11 元，偷逃税款人民币 478663.78 元，构成走私行为。案发后，杭州金菱公司缴纳了担保金人民币 50 万元。根据《海关法》第 82 条第 1 款第 1 项、第 2 款，《海关行政处罚实施条例》第 7 条第 2 项、第 9 条第 1 款第 3 项之规定，对杭州金菱公司作出没收走私货物的处罚。因走私进口违法货物已无法没收，且杭州金菱公司积极缴纳担保金，根据《行政处罚法》第 27 条第 1 款第 4 项、《海关行政处罚实施条例》第 56 条之规定，决定向该公司追缴走私货物的价款人民币 1857085.46 元。杭州金菱公司不服，提起诉讼，请求撤销上海吴淞海关作出的沪关缉查字〔2015〕7 号行政处罚决定。

【相关法条】

《海关行政处罚实施条例》

第56条　海关作出没收货物、物品、走私运输工具的行政处罚决定，有关货物、物品、走私运输工具无法或者不便没收的，海关应当追缴上述货物、物品、走私运输工具的等值价款。

问题：

1. 吴淞海关举行两次听证会是否违反行政处罚的法定程序？

2. 海关向公司追缴走私货物的价款人民币1857085.46元属于何种性质的行为？是否属于行政诉讼受案范围？

3. 如何确定本案的管辖法院？

4. 如果公司申请行政复议，如何确定复议机关？

5. 如果复议机关不受理申请，公司仍然不服而起诉，如何确定被告？

6. 法院应当如何判决？

七、**案情：**秦川、鲁岳和魏水三人于2019年10月共同设立汉中机械制造有限公司（以下简称汉中机械公司），公司注册地位于西安市雁塔区。其中魏水担任董事长，鲁岳担任总经理。公司章程规定，公司法定代表人由董事长担任。

秦川以一台重型设备出资，评估价值为500万元，鲁岳和魏水各以500万元现金出资，出资期限为3年。汉中机械公司成立后发现：

（1）秦川所出资设备系秦川自大江公司租赁而来，现大江公司要求汉中机械公司返还；

（2）秦川所出资设备在公司成立时实际价值为300万元。秦川和评估公司串通有意高估。

2019年12月30日，汉中机械公司向东华精密公司采购一批零部件，价款600万元，账期2年，担保方式为：（1）汉中机械公司以秦川所出资设备抵押，但未办理抵押登记；（2）洪河资本有限公司（以下简称洪河资本公司）（魏水持有该公司90%的股权）提供连带保证。

2020年2月，在魏水的操控下，汉中机械公司向洪河资本公司提供借款600万元，期限为10年，无息。为此，汉中机械公司与洪河资本公司签订了借款合同，通过银行委托贷款方式提供。

2022 年 1 月，东华精密公司依据合同约定，向东华精密公司所在地上海市浦东区法院起诉，要求：

（1）汉中机械公司支付到期的合同价款，同时要求鲁岳、魏水两股东在认缴出资范围内承担补充赔偿责任；

（2）行使抵押权；

（3）要求洪河资本公司承担连带保证责任。

洪河资本公司称，当初为汉中机械公司提供担保，系由公司大股东、法定代表人魏水擅自决定，东华精密公司所拿到的同意担保的董事会决议系魏水伪造。故洪河资本公司称其不应当承担担保责任。

汉中机械公司认为魏水对公司的债务问题负有责任，于 2022 年 3 月由鲁岳召集临时股东会，作出决议：由鲁岳担任法定代表人，魏水虽继续担任董事长，但应立即向鲁岳移交公司印鉴。对此，秦川、鲁岳签字同意，魏水表示反对。

汉中机械公司债务颇多，无力清偿，2022 年 5 月其破产申请由西安市中级人民法院受理。此时，东华精密公司与汉中机械公司的相关债务纠纷尚未审结。

问题：

1. 汉中机械公司是否应当向大江公司返还秦川所出资的设备？

2. 关于设备价值不足 500 万元，汉中机械公司应当如何维护其权利？若公司债权人因此受损，应如何维护其权利？

3. 汉中机械公司与洪河资本公司之间签订的借款合同效力如何？

4. 2022 年 1 月，东华精密公司要求鲁岳、魏水两位股东在认缴出资范围内对汉中机械公司不能清偿的债务承担补充赔偿责任，两位股东称：其出资期限尚未届满。其抗辩理由是否成立？

5. 2022 年 5 月，破产管理人要求鲁岳、魏水两位股东缴纳出资款项，两股东称：其出资期限尚未届满。其抗辩理由是否成立？

6. 2022 年 5 月，汉中机械公司破产申请受理后，东华精密公司与汉中机械公司、鲁岳、魏水之间的诉讼应如何处理？西安市中级人民法院认为上海市浦东区法院应当将该案件移送，由其集中管辖，是否符合法律规定？

7. 2022 年 3 月，汉中机械公司股东会决议效力如何？

8. 东华精密公司主张实现抵押权的诉讼请求，能否得到法院的支持？

9. 洪河资本公司是否应当承担保证责任？为什么？

10. 若洪河资本公司应当承担担保责任，在汉中机械公司的破产程序中，其应如何进行债权申报以实现其利益最大化？

主观题实战演练参考答案

A卷

一、【参考范文】

当前和今后一个时期推进全面依法治国，必须准确把握习近平法治思想的形成和发展逻辑，以习近平法治思想为指导，正确处理依法治国和依规治党的关系。

习近平法治思想是习近平新时代中国特色社会主义思想的重要组成部分，其形成发展有丰富的逻辑。第一，从历史逻辑来看：习近平法治思想凝聚着中国共产党人在法治建设长期探索中形成的智慧结晶，开辟了中国特色社会主义法治理论和实践的新境界。第二，从理论逻辑来看：习近平法治思想坚持马克思主义法治理论的基本立场，继承我们党关于法治建设的重要理论，传承中华优秀传统法律文化，系统总结新时代中国特色社会主义法治实践经验，是马克思主义法治理论中国化的新发展。第三，从实践逻辑来看：习近平法治思想是从统筹中华民族伟大复兴战略全局和世界百年未有之大变局，在推进伟大斗争、伟大工程、伟大事业、伟大梦想的实践之中完善形成，并随着实践而进一步丰富。

习近平法治思想深刻回答了新时代为什么全面依法治国、怎样全面依法治国等一系列重大问题，为深入推进全面依法治国、加快建设社会主义法治国家提供了科学指南。全面依法治国要求建设中国特色社会主义法治体系，建设社会主义法治国家。这就是，在中国共产党领导下，坚持中国特色社会主义制度，贯彻中国特色社会主义法治理论，形成完备的法律规范体系、高效的法治实施体系、严密的法治监督体系、有力的法治保障体系，形成完善的党内法规体系。坚持依法治国、依法执政、依法行政共同推进，坚持法治国家、法治政府、法治社会一体建设，实现科学立法、严格执法、公正司法、全民守法，促进国家治理体系和治理能力现代化。

推进全面依法治国，必须坚持以习近平法治思想为指导，正确处理依法治国和依规治党的关系。第一，依规管党治党是依法治国的重要前提和政治保障。只有坚持依规治党，切实解决党自身存在的突出问题，才能发挥好党领导立法、保证执法、支持司法、带头守法的政治优势。第二，要完善党内法规体系。要从全面依法治国和全面从严治党相统一的高度，确保党内法规与国家法律的衔接与协调，发挥好党内法规在维护党中央集中统一领导，落实全面从严治党方面的重大作用，确保党的领导核心地位，为全面建设社会主义现代化国家提供坚强政治保证。第三，坚持依规治党带动依法治国。要发挥依法治国和依规治党的互补性作用，确保党既依据宪法法律治国理政，又依据党内法规从严治党，坚持依法治国与依规治党统筹推进，努力形成国家法律和党内法规制度相辅相成的格局。

总之，准确把握习近平法治思想的形成发展逻辑，才能更好地以习近平法治思想为指导，在当前和今后一个时期推进全面依法治国的进程中做到依法治国和依规治党有机统一，向着全面建成法治中国不断前进。

二、【答案与解析】

1.（1）甲、乙构成绑架罪的共犯。理由如下：甲、乙已经实际控制赵某，逼迫其要求家人拿钱赎人，表明二人将赵某作为人质予以控制，成立绑架罪既遂。

（2）乙属于“绑架杀害被绑架人”。理由如下：乙在绑架中故意实施杀人行为，之后掩埋赵某时发现赵某尚未死亡，仍然实施杀人行为，致使其死亡的，属于“绑架杀害被绑架人”的结合犯。

（3）在乙对赵某实施杀人行为时，甲因先前行为使得赵某处于孤立无援之地而负有阻止义务，甲不阻止乙的杀人行为，存在不作为的杀人行为。但是，赵某最终死于乙之后的掩埋行为，与甲不作为的杀人行为之间缺乏刑法上的因果关系（异常介入因素中断了因果关系），甲对赵某的死亡不负刑事责任。

对甲的行为评价存在以下不同观点：

观点一认为，甲成立绑架罪，属于“绑架杀害被绑架人”的结合犯，适用其法定刑，并以既遂论处。

观点二认为，甲成立绑架罪，属于“绑架杀害被绑架人”的结合犯，适用其法定刑，但因意志以外的原因并未导致赵某死亡，应同时适用未遂的处罚规定。

观点三认为，甲成立绑架罪，但不属于“绑架杀害被绑架人”的情形，因为只有导致被绑架人死亡，才能认定为该结合犯。由于杀人行为也符合伤害的构成要件，故应认定其属于“绑架故意伤害被绑架人，致使其重伤”的结合犯。

2.（1）甲对手机成立侵占罪。理由如下：甲为防止赵某报警而夺取其手机，缺乏非法占有目的，不成立抢劫罪、抢夺罪或者盗窃罪。此时手机对于赵某而言属于“脱离占有物”，后甲使用该手机，属于针对遗忘物的侵占行为，成立侵占罪。

（2）甲从赵某手机转出 2 万元的行为，存在以下不同观点：

观点一认为，甲的行为构成盗窃罪。理由如下：甲从赵某的微信中转出钱的行为，并未使用赵某的信用卡信息资料，属于完全违背赵某的意志，转移其财产性利益的行为，构成盗窃罪。

观点二认为，甲的行为构成信用卡诈骗罪。理由如下：综合全案事实，甲非法取得赵某的信用卡信息资料，通过微信账户将信用卡中的财产转移到自己的账户中，属于“冒用他人信用卡”骗取财物方式的信用卡诈骗罪（这种观点存在不足之处，第一，微信账户不属于信用卡；第二，信用卡诈骗罪要求行为人使用信用卡作为诈骗的工具和手段，但甲转出财物的行为并未使用赵某的信用卡的账号和密码等信用卡信息资料，不属于“冒用他人信用卡”类型的信用卡诈骗罪）。

3. 乙违章驾驶，致使刘某死亡，其行为存在以下不同的处理意见：

（1）观点一认为，交通肇事“因逃逸致人死亡”的认定，不要求交通肇事行为本身已经成立交通肇事罪的基本犯，只要具有一般的交通肇事行为即可。乙超速驾驶，致使刘某被撞成重伤，虽然不符合交通肇事罪的基本犯，但属于一般意义上的交通肇事行为。乙为逃避法律责任而逃离事故现场，致使被害人刘某得不到及时救助而死亡的，成立交通肇事罪，属于“因逃逸致人死亡”的情形。

（2）观点二认为，交通肇事“因逃逸致人死亡”的认定，要求之前的交通肇事行为成立交通肇事罪的基本犯。按照司法解释的规定，乙超速驾驶，致使刘某重伤，尚未成立交通肇事罪。乙为逃避法律责任而逃离事故现场，其行为才成立交通肇事罪。之后刘某因得不到及时救助而死亡，应将其归属于乙的交通肇事行为，其行为成立交通肇事罪的基本犯。由于乙觉得刘某没有救助可能，缺乏杀人故意，故乙不救助刘某的行为不成立故意杀人罪。

4.（1）对王某的行为分析：国家工作人员王某利用职权或者地位的影响，接受乙的财物，承诺为其谋取不正当利益，成立斡旋方式的受贿罪既遂。即使之后王某没有为乙谋取到不正当利益，也不影响受贿罪既遂的认定。但王某的行为属于索贿还是被动收受贿赂，证据存疑，按照存疑时有利于行为人的原则，疑罪从轻，不能认定为索取贿赂的情节（从重处罚情节），但至少能够证明王某非法收受财物，仍然成立受贿罪。

（2）对于乙的行为分析：如果证明乙被勒索而给予国家工作人员王某财物，因未获得不正当利益，按照《刑法》第 389 条第 3 款的规定，乙不成立行贿罪；如果证明乙为谋取不正当利益而给予王某财物，则乙成立行贿罪。当证据存在疑问时，无法证明乙是否被勒索而给予王某财物的，按照存疑时有利于行为人的原则，应认定乙被勒索而给予王某财物，因乙未获得不正当利益，故不成立犯罪。

三、【答案与解析】

《刑事诉讼法》第 200 条第 1 项规定："案件事实清楚，证据确实、充分，依据法律认定被告人有罪的，应当作出有罪判决。"据此，我国刑事诉讼中认定被告人有罪的诉讼证明标准是"犯罪事实清楚，证据确实、充分"。《刑事诉讼法》第 55 条第 2 款规定："证据确实、充分，应当符合以下条件：（一）定罪量刑的事实都有证据证明；（二）据以定案的证据均经法定程序查证属实；（三）综合全案证据，对所认定事实已排除合理怀疑。"

本案中，第一次讯问是在 5 月 18 日赵某被传唤到案后的第 36 个小时于某宾馆作出的，因为传唤持续的时间最长不得超过 24 小时，所以，赵某的第一次供述是在非法限制其人身自由期间作出的。依据《关于办理刑事案件严格排除非法证据若干问题的规定》第 4 条的规定，该供述应当排除。第二次讯问中侦查人员存在刑讯逼供，依据《刑事诉讼法》第 56 条的规定，第二次供述也应该排除。第三次供述受到第二次讯问中刑讯逼供行为的影响而作出，依据《关于办理刑事案件严格排除非法证据若干问题的规定》第 5 条的规定，第三次供述也应当一并排除。

本案的证据之间还存在如下矛盾：被告人赵某供述称将被害人手提包烧毁，但勘验笔录显示侦查人员提取了被害人的手提包；被告人赵某供述称将被害人裤子脱至膝盖下方，并未将裤子脱离被害人身体，王某则证实发现被害人时，被害人下身赤裸；被告人赵某供述称作案时着深蓝色夹克衫，证人文某则称所目击男子着灰白色夹克衫；证人文某所目击男子的身高与赵某身高差距较大，以及为何只提取到被告人赵某一枚右手小指指纹等。这些矛盾和疑问无法作合理解释，不能排除有其他人作案的可能。

综上，被告人赵某的有罪供述应予排除；作案工具及赃物均未找到；证据之间存在多处不能排除的矛盾和不能合理解释的疑问；证据之间不能形成完整的证据链条。S市检察院指控被告人赵某犯抢劫罪、强奸罪的证据未达到“确实、充分”的证明标准，不能得出系被告人赵某实施本案犯罪的唯一结论，因此，不能认定赵某构成抢劫罪、强奸罪。

四、【答案与解析】

1. 【考点】不动产抵押预告登记

【答案】**不符合**。理由在于：在中兴银行对A房屋不动产抵押预告登记的**有效期限内**，A房屋办理完毕**所有权首次登记**时，根据《民法典担保制度解释》[1]第52条第1款的规定，**无须办理A房屋抵押的本登记**，中兴银行对A房屋**享有不动产抵押权**，且该不动产抵押权**自预告登记之日起设立**。

2. 【考点】公司对外担保；一人公司为股东债务提供担保

【答案】**不成立**。理由在于：紫藤公司属于**一人公司**，为其**股东**绿叶公司的借款债务提供抵押担保，根据《民法典担保制度解释》第10条的规定，**不适用《公司法》第16条的规定**，即无须就此形成同意紫藤公司提供抵押担保的有效的紫藤公司机关决议，**仅需股东绿叶公司同意**，紫藤公司的法定代表人即享有代表紫藤公司订立抵押合同的**代表权限**，所订立的B房屋抵押合同归属于紫藤公司承受。

3. 【考点】共同担保；共同物保

【答案】绿叶公司对中兴银行的借款债务，绿叶公司以其A房屋提供抵押担保，未约定A房屋抵押担保的范围，紫藤公司以其B房屋提供抵押担保，

---

〔1〕《最高人民法院关于适用〈中华人民共和国民法典〉有关担保制度的解释》，以下简称《民法典担保制度解释》。

未约定B房屋抵押担保的范围，成立**共同担保**中的**非按份共同抵押**。中兴银行未对A房屋行使优先受偿权，即对B房屋行使抵押权，紫藤公司提出的异议（二）能否成立，现行法未作规定，观点上有争议，主要有两种观点。**观点（一）：不成立**。理由在于：A房屋抵押与B房屋抵押，属于非按份共同抵押，中兴银行行使对A房屋的抵押权和行使对B房屋的抵押权，**无顺序上的限制**。同时，中兴银行未对A房屋行使抵押权，即对B房屋行使抵押权，虽然会因此增加紫藤公司对绿叶公司追偿费用的支出，**但因此增加支出的求偿费用不会太高**。**观点（二）：成立**。理由在于：A房屋抵押与B房屋抵押，虽属非按份共同抵押，但A房屋抵押由**债务人**绿叶公司提供，**绿叶公司系最终的责任承担者**，为避免循环求偿，避免无谓的资源浪费，中兴银行行使对A房屋的抵押权和行使对B房屋的抵押权，**有顺序上的限制**。中兴银行应当先对A房屋行使抵押权，对A房屋行使抵押权未获清偿的部分，才能对B房屋行使抵押权。中兴银行未对A房屋行使抵押权的，不得对B房屋行使抵押权。

4.【考点】担保物权的从属性

【答案】**无权**。理由在于：紫藤公司就B房屋应当对中兴银行承担的抵押担保责任具有**内容与范围上的从属性**，在范围上总是**小于等于绿叶公司对中兴银行的借款债务**。紫藤公司与中兴银行的抵押合同约定，若紫藤公司不承担到期的抵押担保责任须向中兴银行支付100万元违约金，该约定将使紫藤公司承担的责任超过主债务的范围，违反抵押担保责任内容与范围上的从属性，根据《民法典担保制度解释》第3条第1款的规定，该约定不能生效，不能发生法律效力。

5.【考点】第三人担保人的追偿权和代位求偿权

【答案】在中兴银行就拍卖B房屋的价款优先受偿后，即紫藤公司对中兴银行承担抵押担保责任后，根据《民法典》第700条和《民法典担保制度解释》第20条的规定，紫藤公司可以行使以下两个权利寻求救济：第一，紫藤公司享有**追偿权**，有权**在其承担抵押担保责任的范围内**向债务人绿叶公司全额追偿；第二，紫藤公司享有**代位求偿权**，依法取得债权人中兴银行的地位，**享有中兴银行对绿叶公司A房屋的抵押权**。

6.【考点】法人人格否认

【答案】法院应当列**绿叶公司**为**被告**，**紫藤公司**为**无独立请求权的第三人**。理由在于：债务人紫藤公司对华旭公司的1000万元货款债务**已经由生效**

判决确认后，债权人华旭公司作为原告，仅以股东绿叶公司为被告**诉请否认紫藤公司的法人人格**的，参照《全国法院民商事审判工作会议纪要》第 13 条规定的精神，法院应当列股东绿叶公司为被告，债务人紫藤公司为无独三。

7. 【考点】法人人格否认

【答案】应予支持。理由在于：紫藤公司为**一人公司**，紫藤公司为**股东绿叶公司的**借款债务承担抵押担保责任，**并因此导致无力偿还对华旭公司的1000 万元到期债务**，严重损害债权人华旭公司的利益。同时，根据《公司法》第 63 条的规定，推定股东绿叶公司与紫藤公司发生财产混同，绿叶公司不能提供反证证明绿叶公司与紫藤公司财产独立，应当认定绿叶公司与紫藤公司之间发生了财产混同、人格混同。因此，根据《民法典担保制度解释》第 10 条的规定，法院应当判决否认紫藤公司的法人人格，判令绿叶公司对紫藤公司的 1000 万元货款债务承担连带清偿责任。

五、【答案与解析】

1. 如果该煎饼摊有字号，应当以营业执照上登记的字号作为当事人。如果没有字号，应当以登记的经营者颜方和实际经营者葛某作为共同被告。

2. 针对陈川小腿骨折的损害，小天使幼儿园须承担责任。针对小腿骨头接合不正，小天使幼儿园无须承担责任。

陈川作为无民事行为能力人在小天使幼儿园学习期间遭受损害，小天使幼儿园的工作人员未尽管理职责，存在过错，小天使幼儿园针对骨折须承担赔偿责任。但小腿骨折后经市中医院接合不正导致后续损害，与小天使幼儿园的行为不具有相当因果关系。因此针对后续损害，小天使幼儿园不承担损害赔偿责任。

3. 不正确。陈川遭受骨折的侵害与医院诊疗失误属于两个不同的侵权法律关系，且不涉及诉的合并，因此列为共同被告的做法不正确。

4. 应当由陈川的父母对医疗费发票的真实性承担举证证明责任。依据“谁主张、谁举证”的一般规则，由主张以医疗费发票证明案件事实的当事人承担举证责任。

5. 法院应认定市中医院存在过错，判决市中医院承担侵权责任。

市中医院无正当理由拒绝提供病例的行为，应推定市中医院存在过错，进而要求市中医院对此承担赔偿责任。

6. 不成立。李志的父母将李志委托给葛某监护，此时并未改变监护人身份，葛某并非监护人。作为受委托的葛某对此存在过错的，仅需承担按份责任，而非连带责任。

7. 协议管辖有效。因为商品房买卖合同纠纷不适用专属管辖的规定，双方约定了与争议有实际联系的法院，符合协议管辖的成立条件。

8. 法院受理阳光公司的破产申请后，对于怀礼钢材贸易公司提起的法人人格否认之诉应当裁定中止，等待破产管理人接管相关财产和事务之后，再恢复诉讼案件的继续审理。

六、【答案与解析】

1. 本案被告为丙区食品药品监督管理局和丙区政府。

理由：本案是经过复议的案件，复议机关丙区政府经审理后作出维持决定，属于复议维持。根据相关法律规定，复议机关维持原行政行为的，原机关和复议机关是共同被告。故本案被告为丙区食品药品监督管理局和丙区政府。

2. （1）立案。符合立案标准的，行政机关应当及时立案。

（2）调查取证。

执法人数：2 人以上。

执法证件：应当主动向当事人或者有关人员出示执法证件。

（3）告知与听取。应当告知当事人拟作出的行政处罚的内容、事实、理由、依据，并告知当事人依法享有的陈述、申辩、要求听证等权利。行政机关必须充分听取当事人的意见。

（4）听证。当事人在 5 日内申请听证的，行政机关应当组织听证。根据听证笔录作出处罚决定。

（5）应当依法制作行政处罚决定书并送达。

3. 本案由丙区法院管辖。

从级别管辖看，本案是经过复议的案件，复议机关丙区政府经审理后作出维持决定，属于复议维持。根据相关法律规定，复议机关维持原行政行为的，原机关和复议机关是共同被告，以原机关确定级别管辖。故本案以原机关丙区食品药品监督管理局确定级别管辖，由基层人民法院管辖。

从地域管辖看，本案为经过复议的案件，原机关和复议机关所在地法院都有管辖权。故丙区食品药品监督管理局所在地法院和丙区政府所在地法院均有管辖权。

综上，丙区食品药品监督管理局所在地和丙区政府所在地的基层人民法院对本案有管辖权，故本案由丙区法院管辖。

4. 行政复议：审理对象是被申请复议的行政行为的合法性和合理性，即丙区食品药品监督管理局作出的没收 12.8 元、罚款 50000 元的处罚决定的合法性和合理性。

一审：审理对象是被诉行政行为的合法性。本案为复议维持案件，对原行为和复议决定一并审理一并裁判，审理对象为丙区食品药品监督管理局原处罚决定和丙区政府复议维持决定的合法性。

二审：行政诉讼二审采取全面审查原则，既审理一审被诉行政行为的合法性，也审理一审裁判的合法性。审理对象为原处罚决定和复议维持决定的合法性，及一审法院作出的驳回诉讼请求判决的合法性。

5. 本案中，甲商店上诉的理由是对一审裁判不服，认为一审法院的驳回诉讼请求的判决违法，侵害了自己的合法权益，法院应当作出撤销原行为和复议决定的判决。

6.（开放题，答撤销、撤销并责令重作、变更都可以，自圆其说即可）

本案中，甲商店存在销售过期食品的违法行为，但其违法情节轻微，没有造成危害后果，且后续没有销售相应的过期食品，属于及时改正，根据《行政处罚法》的规定和比例原则的要求“违法行为轻微并及时改正，没有造成危害后果的，不予行政处罚”。因此，二审法院应当撤销一审判决，作出撤销原处罚决定、撤销复议决定的判决。

七、【答案与解析】

1.（1）京达公司以对华贸公司的债权出资；债权可以进行价值评估，并可以依法转让，故出资形式合法；

（2）虽然京达公司与华贸公司约定债权不得转让，但京达公司对华贸公司享有的是金钱之债，该约定不得对抗善意第三人。故光明公司能够取得该债权。

综上，京达公司的出资合法有效。

2. 华贸公司能够向光明公司主张行使抵销权。

（1）光明公司受让了京达公司对华贸公司的债权；

（2）因京达公司装修质量不合格，对华贸公司负有违约金之债；

（3）华贸公司对京达公司的债权和光明公司对其享有的债权系基于同一合同产生的，故华贸公司有权向光明公司主张行使抵销权。

【相关法条】

《民法典》第 549 条

有下列情形之一的，债务人可以向受让人主张抵销：

（一）债务人接到债权转让通知时，债务人对让与人享有债权，且债务人的债权先于转让的债权到期或者同时到期；

（二）债务人的债权与转让的债权是基于同一合同产生。

3. 乙的查阅权主张合法。

（1）公司法规定，有限公司的股东经书面申请，有权查阅公司的会计账簿。

（2）虽然公司法对于股东能否查阅会计凭证并无明确的规定，但会计凭证是制作会计账簿的依据和基础。若股东无法查阅会计凭证，则无法验证会计账簿的真实性。故乙查阅会计凭证的主张合法。

4. 乙要求对 2021 年的利润进行分配，不能得到法院的支持。

（1）对于分配 2021 年的利润，京达公司表示反对，因其持股比例为 55%，故光明公司不能形成载明具体分配方案的股东会决议。

（2）股东提起分红权之诉，未提交载明具体分配方案的股东会决议，法院应当驳回其诉讼请求。

5. 京达公司和黄川均无权解除乙的厨师长职务。

（1）厨师长属于公司高级管理人员以外的管理人员，由（总）经理聘任或解聘；

（2）京达公司是光明公司的股东，无权解聘公司的管理人员；

（3）黄川是光明公司的董事长，无权解聘公司的管理人员。

6. 甲不能罢免黄川的董事职务。

董事由股东会选举或罢免，甲是公司的监事，只能向股东会提出罢免的建议，而无权直接罢免董事。

7. 京达公司的说法是错误的。

（1）乙将其股权转让时，出资期限尚未届满，其享有出资的期限利益。故乙此时并无出资义务。

（2）若鑫华基金公司受让了乙的股权，成为光明公司的股东，仍然享有出资的期限利益，无须立即缴纳出资款。

B卷

一、【参考范文】

一个现代化国家必然是法治国家。实现中国式现代化，必须在法治轨道上推进，必须坚持党对全面依法治国的领导。

中国式现代化，是中国共产党领导的社会主义现代化，既有各国现代化的共同特征，更有基于自己国情的中国特色。中国式现代化是人口规模巨大的现代化，是全体人民共同富裕的现代化，是物质文明和精神文明相协调的现代化，是人与自然和谐共生的现代化，是走和平发展道路的现代化。中国式现代化的本质要求是坚持中国共产党领导，坚持中国特色社会主义，实现高质量发展，发展全过程人民民主，丰富人民精神世界，实现全体人民共同富裕，促进人与自然和谐共生，推动构建人类命运共同体，创造人类文明新形态。

实现中国式现代化，必须在法治轨道上推进，必须坚持党对全面依法治国的领导。其理由在于：第一，党的领导是中国特色社会主义法治之魂。中国共产党是中国特色社会主义事业的领导核心。坚持党对全面依法治国的领导，是全面依法治国的题中应有之义。第二，党的领导是中国特色社会主义最本质的特征，是社会主义法治最根本的保证。全面依法治国，只有在党的领导下才能有目的、有步骤、有秩序地进行。第三，全面依法治国是要加强和改善党的领导。加强和改善党对全面依法治国的领导，是由全面依法治国的性质和任务决定的。只有发挥党总揽全局、协调各方的领导核心作用，才能实现全面依法治国的总目标。

实现中国式现代化，必须在法治轨道上推进，必须坚持党对全面依法治国的领导。第一，坚持党的领导、人民当家作主、依法治国有机统一。坚持党的领导、人民当家作主、依法治国有机统一，最根本的是坚持党的领导。人民代表大会制度是坚持党的领导、人民当家作主、依法治国有机统一的根本制度安排，必须充分发挥人民代表大会制度的作用，实现国家各项工作法治化。第二，坚持党领导立法、保证执法、支持司法、带头守法。把党的领导贯彻落实到全面依法治国全过程和各方面，必须坚持党领导立法、保证执法、支持司法、带头守法，把依法治国基本方略同依法执政基本方式统一起来。第三，健全党领导全面依法治国的制度和工作机制。加强党对全面依法治国的领导，必须健全党领导全面依法治国的制度和工作机制，完善党制定全面依法治国方针政策的工作机制，加强党对全面依法治国的集中统一领导，统筹推进全面依法治国。

总之，必须坚持党对全面依法治国的领导，扎实推进全面依法治国，为在法治轨道上实现中国式现代化提供固根本、稳预期、利长远的制度保障。

二、【答案与解析】

1. 甲构成贪污罪。理由如下：甲利用职务之便，截取单位货款100万元，将其存入个人银行账户，属于挪用公款的行为。之后甲以“刷礼物”的方式将其赠予主播钱某，表明其具有非法占有目的，应以贪污罪既遂论处，数额为100万元。

2. 甲以杀人故意意图撞死钱某，但因意志以外的原因未得逞的，成立故意杀人罪未遂。其行为将行人王某撞死，属于具体事实认识错误中的方法错误。按照法定符合说，甲对王某成立故意杀人罪既遂；按照具体符合说，甲对王某成立过失致人死亡罪；分别与针对钱某的故意杀人罪未遂属于想象竞合犯，从一重罪论处。

3. （1）甲以杀人故意，对钱某实施杀人行为，但钱某死于乙之后的毁尸灭迹行为，该情形属于事前故意。刑法理论上存在以下不同观点：

观点一认为，甲的杀人行为与钱某的死亡结果之间存在“没有前者就没有后者”的条件关系，甲的毁尸灭迹这一介入行为具有通常性，没有中断因果关系，故甲的杀人行为与钱某的死亡结果之间存在因果关系。但客观上的因果发展进程与行为人预想的不一致，属于因果关系错误，不影响犯罪故意的认定，甲成立故意杀人罪既遂一罪。

观点二认为，甲的杀人行为与钱某的死亡结果之间不存在因果关系，因为甲的毁尸灭迹行为中断了因果关系。故甲成立故意杀人罪未遂与过失致人死亡罪，有的主张并罚，有的主张择一重罪论处。

（2）乙在掩埋钱某尸体时，明知钱某尚未死亡而催促其掩埋尸体，致使钱某死亡的，成立故意杀人罪。但其行为性质存在不同理解：

观点一认为，如果认为甲的杀人行为与钱某的死亡结果之间存在因果关系，即甲成立故意杀人罪既遂，则乙成立故意杀人罪既遂的帮助犯。

观点二认为，如果认为甲的杀人行为与钱某的死亡结果之间不存在因果关系，即甲对钱某的死亡仅成立过失致人死亡罪，则乙利用甲的过失行为致使钱某死亡，乙成立故意杀人罪的间接正犯。

4. 甲取走王某的手机和储蓄卡的行为存在不同观点，如果采取死者占有肯定说，甲完全违背死者意志转移手机和储蓄卡的行为构成盗窃罪，其后甲使用储蓄卡的行为属于“盗窃信用卡并使用”，无论对人还是对机器使用，均构成盗窃罪。

如果采取死者占有否定说，王某死亡后其手机和储蓄卡转归其继承人所有，但对于继承人来说，手机和储蓄卡属于遗失物，甲取走手机和储蓄卡的行为构成侵占罪，其后甲使用储蓄卡的行为属于“冒用他人信用卡”，根据司法解释的观点，无论是对人还是对机器使用，均构成信用卡诈骗罪。根据刑法理论的观点，对机器不可能构成信用卡诈骗罪，甲在 ATM 机取款的行为构成盗窃罪，数额为 2 万元，在商场消费的行为构成信用卡诈骗罪，数额为 5 万元。

三、【答案与解析】

1. 本案诉讼程序存在以下违法之处：

（1）执行机关批准后，程某在前往 D 区的途中前往 E 市 F 区购物，是违法的。因为，依据《关于取保候审若干问题的规定》第 19 条的规定，执行机关批准被取保候审人离开所居住的市、县后，被取保候审人应严格按照批准的地点、路线、往返日期出行。本案中，程某只能前往 C 市 D 区，不得前往 E 市 F 区。

（2）B 区检察院就量刑建议仅听取了程某的意见，是错误的。因为，《人民检察院办理认罪认罚案件开展量刑建议工作的指导意见》第 25 条第 1 款规定：“人民检察院应当充分说明量刑建议的理由和依据，听取犯罪嫌疑人及其辩护人或者值班律师对量刑建议的意见。”本案中，B 区检察院就量刑建议，不仅应听取程某的意见，还应听取程某的辩护人方律师、被害人及其诉讼代理人的意见。

（3）B 区检察院通知值班律师苏某到场，让程某签署认罪认罚具结书，是错误的。《人民检察院办理认罪认罚案件开展量刑建议工作的指导意见》第 27

条第 2 款规定："犯罪嫌疑人有辩护人的，应当由辩护人在场见证具结并签字，不得绕开辩护人安排值班律师代为见证具结。辩护人确因客观原因无法到场的，可以通过远程视频方式见证具结。"因此，B 区检察院应当在程某的辩护人方律师在场的情况下，让程某签署认罪认罚具结书。

（4）5 月 19 日，B 区法院再次开庭宣判，是错误的。因为：第一，《刑事诉讼法》第 224 条第 2 款规定："适用速裁程序审理案件，应当当庭宣判。"所以，B 区法院定期宣判，是错误的。第二，《刑事诉讼法》第 225 条规定："适用速裁程序审理案件，人民法院应当在受理后十日以内审结；对可能判处的有期徒刑超过一年的，可以延长至十五日。"本案中，B 区检察院 5 月 6 日提起公诉，B 区法院 5 月 19 日宣判，判处程某有期徒刑 8 个月，B 区法院的审理期限超过了 10 日。

2. B 区法院应当转为普通程序重新审理，判决程某不负刑事责任。因为，《刑事诉讼法》第 226 条规定："人民法院在审理过程中，发现有被告人的行为不构成犯罪或者不应当追究其刑事责任、被告人违背意愿认罪认罚、被告人否认指控的犯罪事实或者其他不宜适用速裁程序审理的情形的，应当按照本章第一节或者第三节的规定重新审理。"本案中，若 B 区法院在审理时，发现程某在犯罪时只有 15 周岁，则程某未达到刑事责任年龄，属于不应当追究其刑事责任的情形。依据《高法解释》[1] 第 368 条的规定，被告人可能不负刑事责任的，不适用简易程序。所以，B 区法院应当转为普通程序重新审理。同时，依据《高法解释》第 295 条第 1 款第 6 项的规定，B 区法院应判决程某不负刑事责任。

3. 根据《高法解释》第 383 条第 2 款的规定："上诉人在上诉期满后要求撤回上诉的，第二审人民法院经审查，认为原判认定事实和适用法律正确，量刑适当的，应当裁定准许；认为原判确有错误的，应当不予准许，继续按照上诉案件审理。"本案中，法院于 5 月 19 日作出判决，上诉期为 5 月 20 日至 5 月 29 日。程某在 6 月 3 日撤回上诉，属于在上诉期满后撤回，A 市中级法院应当进行审查，若认为原判正确，应当裁定准许撤回上诉；认为原判是错误的，应当不予准许，继续按照上诉案件审理。

4. 依据《关于办理信息网络犯罪案件适用刑事诉讼程序若干问题的意见》第 21 条的规定，A 市公安局按照朱某、苏某、程某等人的账户接收的资

---

〔1〕《最高人民法院关于适用〈中华人民共和国刑事诉讼法〉的解释》，以下简称《高法解释》。

金数额认定犯罪数额，需要满足以下条件：第一，确因客观条件限制无法收集证据逐一证明、逐人核实涉案账户的资金来源；第二，根据银行账户、非银行支付账户等交易记录和其他证据材料，足以认定朱某、苏某、程某等人的账户主要用于接收、流转涉案资金；第三，朱某、苏某、程某等人能够作出合理说明的除外。

5. 依据《人民检察院办理认罪认罚案件开展量刑建议工作的指导意见》第 39 条的规定，程某认罪认罚，B 区法院采纳 B 区检察院提出的量刑建议作出判决，程某仅以量刑过重为由提出上诉，因程某反悔不再认罪认罚致从宽量刑明显不当的，B 区检察院应当依法提出抗诉。这就意味着，对于被告人自愿认罪，同意量刑建议和适用认罪认罚从宽程序，签署认罪认罚具结书，且原审判决在事实认定、法律适用、定罪量刑等方面均采纳了检察院建议的案件，不能仅因被告人反悔以量刑过重为由上诉，而提出抗诉。检察院必须是在一审裁判确有错误的情形下，才能提出抗诉。从认罪认罚从宽程序的制度设计上看，检察院的抗诉权不应用于抗衡被告人的上诉权，抗诉与上诉之间不是也不应当是“矛”与“盾”的关系。

四、【答案与解析】

1. 【考点】不可抗力；不可抗力解除规则

【答案】应予支持。理由有二：第一，**新冠肺炎疫情**属于**不可抗力**，但是，新冠肺炎疫情对甲、乙间 A 房屋租赁合同履行所生的影响**未达到直接导致不能履行合同债务的程度，亦未达到直接导致合同目的不能实现的程度**，根据《审理涉新冠肺炎疫情民事案件指导意见（一）》[1]第 3 条的规定，甲不享有《民法典》第 563 条第 1 款第 1 项的法定解除权。第二，乙**未支付到期租金**且**经催告后经过合理期限仍未支付**。虽然根据《民法典》第 722 条的规定，出租人甲因此享有法定解除权，但是，乙**因受新冠肺炎疫情的影响收入锐减**、**资金周转困难**，根据《审理涉新冠肺炎疫情民事案件指导意见（二）》[2]第 5 条第 1 款的规定，甲不享有《民法典》第 722 条规定的法定解除权。

2. 【考点】情事变更

【答案】应予支持。理由在于：甲、乙间的 A 房屋租赁合同**履行过程中**，

---

[1] 《最高人民法院关于依法妥善审理涉新冠肺炎疫情民事案件若干问题的指导意见（一）》。

[2] 《最高人民法院关于依法妥善审理涉新冠肺炎疫情民事案件若干问题的指导意见（二）》，以下简称《审理涉新冠肺炎疫情民事案件指导意见（二）》。

出现**不能归责于**任何一方合同当事人且**受有不利益的一方不能预见**的新冠肺炎疫情对A房屋租赁履行发生重大影响这一**异常情事变动**，继续按照原租赁合同约定的租金支付标准履行，对乙**明显不公平**。根据《民法典》第533条的规定，成立**情势变更**，乙作为受有不利益的一方有权以此为由诉请法院判决相应减少租金的数额。

3.【考点】不可抗力；不可抗力解除规则

【答案】不予支持。理由在于：甲、丙间的B房屋租赁合同履行过程中，**政府采取的新冠肺炎疫情防控措施**属于**不可抗力**，对甲、丙间B房屋租赁合同履行所生影响的后果是导致承租人丙公司**订立租赁合同的目的不能实现**，根据《审理涉新冠肺炎疫情民事案件指导意见（二）》第5条第2款以及《民法典》第563条第1款第1项的规定，丙因此享有**法定解除权**，丙行使该法定解除权的通知到达甲公司时，B房屋的租赁合同被解除。

4.【考点】同时履行抗辩权

【答案】不予支持。理由在于：甲、丁间的买卖合同，双方**履行对待给付义务无顺序上的先后**，丁未履行支付价款的义务，根据《民法典》第525条的规定，甲享有**同时履行抗辩权**，甲享有的同时履行抗辩权具有**存在的效力**，甲未于2022年3月1日履行交付设备C的义务，**不属于迟延履行**，不属于违约行为。

5.【考点】同时履行抗辩权

【答案】法院应当作出**同时履行判决**。该判决具有以下特点：第一，法院应当判决**甲向丁履行交付设备C的义务，同时判决丁向甲履行支付价款的对待给付义务**。第二，该判决生效后，**其强制执行力的获得附生效条件**，以丁履行对待给付义务为生效条件的成就，丁已经履行支付价款的对待给付义务的，生效判决具有强制执行力，丁未履行支付价款的对待给付义务的，生效判决不具有强制执行力。

6.【考点】同时履行判决

【答案】应予支持。理由在于：依照通说观点，法院作出**同时履行判决**的，**属于被告甲败诉的判决，全部诉讼费用应当由甲承担**。这是基于以下考虑：第一，激励一方主动起诉，打破僵局；第二，原告丁的主张（附条件地）得到支持，不能说丁败诉；第三，甲主张同时履行抗辩权，仅生暂停执行判决的效力（丁胜诉的生效判决获得强制执行力以丁履行对待给付义务为生效条件），并非否定了丁的请求。

五、【答案与解析】

1. 法院是否受理起诉取决于丙能否作为凌天公司的法定代表人提起诉讼。依据《民诉法解释》[1]第50条第2款的规定，在法定代表人更换程序合法的情况下，法院可以准许已经变更但尚未完成登记的法定代表人参加诉讼。此外，依据《公司法》的相关规定，可以判断本案中丙和丁变更法定代表人的程序合法。因此，丙可以作为法定代表人以凌天公司的名义提起诉讼，法院应当受理起诉。

2. 市中院是否受理上诉，需要判断是否符合上诉条件。大康公司已经办理注销登记，因此一审判决的主体已经不存在且无法送达被告。因此，对法院和当事人都不能产生约束力，不存在可以作为上诉对象的一审裁判。此外，大康公司也无法成为适格的被上诉人，虽然约定如果大康公司还存在的其他债权债务由乙负责处理，但该种约定应当解释为乙承担对公司债务进行清算的责任，而不构成股东或第三人对公司承诺承担债务的情形。鉴于此，乙不是大康公司债权债务的承继人，本案中没有适格的被上诉人，因而不符合上诉条件，市中院应不受理上诉人的上诉。

3. 由于一审判决不存在且没有适格的被上诉人，二审法院不能继续审理案件，应当函告一审法院相关事实，明确一审法院的判决并不具备合法性，一审程序也应当终结。一审法院核实后，应当按照《民事诉讼法》的相关规定，以被告已经被注销且没有义务承担人为由，裁定诉讼终结。同时，原一审判决本身的合法性存在问题，应由一审法院作出裁定，撤销2016年3月10日作出的判决。凌天公司在本案中的利益，只能通过其他方式另行主张。

六、【关于强拆】

1. **合法房屋**：征收国有土地房屋、征收集体土地使用权。

程序：(1) 先作出征收，公布征收方案、送达当事人、评估鉴定达成一致、签订征收补偿协议、先补偿再搬迁。

(2) 若达成协议后不搬离，限期腾空，是具体行政行为。

(3) 若拒不腾空，行政机关不能直接强拆，需要法院作出裁决，裁决后交由政府实施拆除。

---

[1] 《最高人民法院关于适用〈中华人民共和国民事诉讼法〉的解释》，以下简称《民诉法解释》。

2. **违法建筑**的强拆。

三文书：告知书、决定书、催告书。

（1）告知书。告知其拟作出责令限期拆除，告知陈述申辩权。该告知书为**过程性的行政事实行为，不可诉**。

（2）决定书。作出限期自行拆除的决定书。**主流观点认为是行政处罚**，也有观点认为是行政强制措施，两种观点均正确，自圆其说即可。**可诉**。

（3）催告书。当决定书赋予的复议诉讼期限经过后，当事人仍未拆除的，行政机关作出该催告书。内容为作出限期拆除，若仍未拆除，行政机关就要强拆。**此为强制执行前的催告，为过程性的行政事实行为，不可诉**。

（4）强制拆除。通知到场、清点造册、妥善保管、及时移交。

【案情梳理】

1. 2019 年 8 月 22 日，县政府作出《关于印发〈宜威高速公路（某县段）项目建设征地拆迁补偿安置方案〉的通知》。

2. 2020 年 4 月 28 日，上罗镇政府作出《限期腾空移交告知书》。

3. 2020 年 5 月 10 日，游某菊等三人向县自然资源和规划局邮寄《违法征地查处申请书》。

4. 2020 年 9 月 11 日，县自然资源和规划局向游某菊等三人作出×，正在核查（**时隔 4 个月作出，程序违法**）。

5. 2020 年 9 月 16 日，县自然资源和规划局对违法占地单位宜成公司作出处罚。2020 年 12 月 18 日和 12 月 23 日宜成公司缴纳罚没款（**县局进行了查处，已履行义务**）。

6. 2020 年 9 月 17 日，游某菊等三人对县局的**《回复》**不服，向县政府申请复议。

7. 2020 年 12 月 10 日，复议机关作出驳回，**审后驳视为复议维持**。

8. 2020 年 12 月 30 日，游某菊等三人提起行政诉讼。

【答案与解析】

1. 是行政强制措施，属于行政诉讼受案范围。

行政强制措施，是指行政机关在行政管理过程中，为制止违法行为、防止证据损毁、避免危害发生、控制危险扩大等情形，依法对公民的人身自由实施暂时性限制，或者对公民、法人或者其他组织的财物实施暂时性控制的行为。本案中，行政机关为了实现征收土地目的，责令当事人在一定期限内将房屋内财物腾空的行为，对当事人的财产产生了实质性限制和影响，因而属于行政强制措施。

依据相关法律规定，行政强制措施属于具体行政行为，因而属于行政诉讼受案范围。

2. 不合法。

理由：2020 年 5 月 10 日，游某菊等三人向县自然资源和规划局邮寄《违法征地查处申请书》，2020 年 5 月 11 日县局收到该申请书；而 2020 年 9 月 11 日，县局向三人作出《回复》。县局在收到申请书后时隔 4 个月才予以答复，属于超期答复，程序违法。

3. 不合法。

理由：本案中，虽然原机关县自然资源和规划局已经履行了法定职责，但其时隔 4 个月才作出《回复》，该行为程序违法，复议决定对此应以程序违法为由作出确认原行政行为违法的复议决定，而不是驳回。

4. 以县自然资源和规划局与县政府为共同被告。

理由：根据相关法律规定，经过复议的案件，复议机关决定维持原行政行为的，当事人不服提起诉讼应当以原机关和复议机关为共同被告。本案中，复议机关经过实质审理后作出驳回复议申请，该驳回视为复议维持。因此，应当以原机关县自然资源和规划局与复议机关县政府为共同被告。

5. 由被告承担对被诉行政行为合法性的举证责任。

本案是复议维持案件，原行为的合法性由原机关和复议机关共同承担举证责任，但可以由一个机关实施举证行为；复议决定的合法性由复议机关承担举证责任。

6. 本案中，原行为超期答复属于程序违法，但对原告权利不产生实质影响，复议决定应作出确认违法却作出驳回决定，故复议决定也违法。因此法院应判决确认原行为违法，同时判决撤销复议决定。

七、【答案与解析】

1.（1）高远对公司合并的决议投了反对票，要求平川公司收购其股份，能够得到法院的支持。

（2）殷士达未对公司合并表明异议，无权要求平川公司收购其股份。

2. 平川公司应当在 6 个月内对该部分股份转让或注销。

【归纳总结】股份公司的股份回购

（1）股份公司不得收购本公司的股票，但是有下列情形之一的除外：

<table>
<tr><th>情形</th><th>决议机构</th><th>处理方式</th></tr>
<tr><td>①减少公司注册资本</td><td rowspan="2">股东大会</td><td>10 日内注销</td></tr>
<tr><td>②与持有本公司股份的其他公司合并</td><td>6 个月内转让或注销</td></tr>
<tr><td>③股东因对股东大会作出的公司合并、分立决议持异议，要求公司收购其股份的</td><td>—</td><td>6 个月内转让或注销</td></tr>
<tr><td>④将股份用于员工持股计划或者股权激励</td><td rowspan="3">依照公司章程的规定或者股东大会的授权，经 2/3 以上董事出席的董事会会议决议</td><td rowspan="3">A. 公司合计持有的本公司股份数不得超过本公司已发行股份总额的 10%
B. 并应当在 3 年内转让或者注销
C. 上市公司进行回购的，应当通过公开的集中交易方式进行</td></tr>
<tr><td>⑤将股份用于转换上市公司发行的可转换为股票的公司债券</td></tr>
<tr><td>⑥将股份用于转换上市公司发行的可转换为股票的公司债券[1]</td></tr>
</table>

（2）公司不得接受本公司的股票作为质押权的标的。

（3）公司持有的本公司股份没有表决权。

3. 平川公司拒绝乐美公司的偿债要求，不符合法律规定。

（1）公司合并的，应当在作出合并决议之日起 10 日内通知债权人，30 日内进行公告。

债权人有权要求其清偿债务或提供担保。

（2）虽然乐美公司的债权尚未到期，但在平川公司合并时，其有权要求平川公司提前清偿债务。

4. 黄灿的说法错误。

（1）城投公司无须清算。因城投公司被平川公司吸收合并，其债权债务

---

〔1〕“上市公司为维护公司价值及股东权益所必需”是指：A. 公司股票收盘价格低于最近一期每股净资产；B. 连续 20 个交易日内公司股票收盘价格跌幅累计达到 30%；C. 中国证券监督管理委员会规定的其他条件。

均由平川公司概括承继，故无须进行清算。

（2）海阔公司无须清算。其股权由平川公司收购，收购完成后，海阔公司成为平川公司的全资子公司，继续存续，故无须清算。

5.（1）孙璞玉决定解聘黄灿符合公司法的规定。

黄灿是法务部负责人，属于高级管理人员以外的管理人员。孙璞玉作为总经理，有权决定解聘高级管理人员以外的管理人员。

（2）孙璞玉决定撤销法务部，不符合公司法的规定。

公司的管理机构设置方案，由经理拟定，由董事会决定。

6. 王程的提议合理。

（1）海阔公司是平川公司的全资子公司，即一人公司。

（2）一人公司法人人格否认制度的适用中，由该公司股东即平川公司证明其财产独立于一人公司，若不能证明的，则推定财产混同，由股东平川公司对海阔公司的债务承担连带责任。

C卷

一、【参考范文】

伟大时代孕育伟大理论，伟大思想引领伟大征程，全面依法治国必须以习近平法治思想为指导。全面依法治国这件大事能不能办好，关键在于能不能抓住领导干部这个“关键少数”。

习近平法治思想深刻回答了新时代为什么全面依法治国、怎样全面依法治国等一系列重大问题，为深入推进全面依法治国，实现国家长治久安提供了科学指南。习近平法治思想的核心要义集中体现为“十一个坚持”。首先，习近平法治思想坚持马克思主义法治理论的基本立场、观点和方法，是马克思主义法治理论中国化的最新成果。其次，习近平法治思想赋予中国特色社会主义法治建设事业以新的时代内涵，是对党领导法治建设丰富实践和宝贵经验的科学总结。再次，习近平法治思想贯穿经济、政治、文化、社会、生态文明建设的各个领域，是在法治轨道上推进国家治理体系和治理能力现代化的根本遵循。最后，习近平法治思想从全面建设社会主义现代化国家的目标要求出发，提出了当前和今后一个时期全面依法治国的目标任务，是引领法治中国建设实现高质量发展的思想旗帜。

领导干部是全面依法治国的关键。首先，领导干部是全面推进依法治国的重要组织者、推动者、实践者，是全面依法治国的关键。其次，各级领导干部作为具体行使党的执政权和国家立法权、行政权、司法权的人，在很大程度上决定着全面依法治国的方向、道路、进度。再次，党领导立法、保证执法、支持司法、带头守法，主要是通过各级领导干部的具体行动和工作来体现、来实现。最后，领导干部对法治建设既可以起到关键推动作用，也可能起到致命破坏作用。必须把领导干部作为全面依法治国实践的重中之重予以高度重视，牢牢抓住领导干部这个“关键少数”。

如何坚持抓住领导干部这个“关键少数”？第一，领导干部应做尊法、学法、守法、用法的模范。领导干部要带头尊崇法治、敬畏法律，带头了解法律、掌握法律，带头遵纪守法、捍卫法治，带头厉行法治、依法办事。第二，领导干部要提高法治思维和依法办事能力。领导干部要坚持以人民为中心，牢记法治的真谛是保障人民权益，做到法定职责必须为、法无授权不可为，加强对权力运行的制约监督，把法治素养和依法履职情况纳入考核评价干部的重要内容，让尊法、学法、守法、用法成为领导干部自觉行为和必备素质。第三，党政主要负责人要履行推进法治建设第一责任人职责。要完善党政主要负责人履行推进法治建设第一责任人职责的约束机制，党政主要负责人要履行推进法治建设第一责任人职责，自觉坚持和加强对法治建设的领导，统筹推进科学立法、严格执法、公正司法、全民守法。

总之，坚持抓住领导干部这个“关键少数”是全面依法治国的题中应有之义。在当前和今后一个时期推进全面依法治国，必须深入贯彻习近平法治思想，为建设社会主义现代化国家、实现中华民族伟大复兴的中国梦提供法治保障。

二、【答案与解析】

1. （1）甲、乙二人共谋盗窃，但甲在盗窃过程中，犯意转化，将赵某打晕后强行取得财物，属于压制反抗、强行取财的行为，成立抢劫罪既遂，犯罪数额为 2 万元。甲的抢劫行为超出了甲、乙共同犯罪的故意内容，属于实行过限。乙只有盗窃的故意，没有抢劫的故意，故乙对甲的抢劫行为不负刑事责任，对乙应以盗窃罪的帮助犯追究刑事责任。

（2）甲、乙二人共同将李某打成重伤，属于共同正犯，按照“部分行为全部责任”的结果归属原则，应将李某的重伤结果归属于甲、乙二人。乙犯盗窃罪，为抗拒抓捕而当场对抓捕者李某实施暴力行为，符合《刑法》第 269 条（事后）抢劫罪的规定，成立抢劫罪，属于抢劫致人重伤的结果加重犯，适用其法定刑，处 10 年以上有期徒刑、无期徒刑或者死刑，并处罚金或者没收财产。

（3）甲犯抢劫罪，为抗拒抓捕将李某打成重伤的行为，能否适用《刑法》第 269 条的规定，存在以下不同观点：

观点一认为，甲的先前行为虽然成立抢劫罪，但按照当然解释，抢劫罪和抢夺罪、盗窃罪不是对立关系，抢劫罪属于严重的抢夺罪、盗窃罪，故甲的行为符合“犯盗窃罪、抢夺罪”的前提条件。甲为抗拒抓捕而当场使用暴力，将李某打成重伤，符合《刑法》第 269 条的规定，成立（事后）抢劫罪，属于抢劫致人重伤的加重情节，适用其法定刑。此外，甲先前行为将赵某打成轻伤，成立故意伤害罪，与抢劫罪数罪并罚。

观点二认为，甲的先前行为已经成立抢劫罪，而且抢劫罪与盗窃罪、抢夺罪是对立关系，不符合“犯盗窃罪、抢夺罪”的前提条件。甲之后将李某打成重伤的行为应当独立评价，成立故意伤害罪，属于“致人重伤”的加重情节，与先前的抢劫罪数罪并罚。

观点一具有合理性。首先，从犯罪之间的关系来看，应将抢劫罪与盗窃罪理解为特殊关系，即抢劫罪完全符合盗窃罪、抢夺罪的构成要件。只要行为不缺少犯罪构成要件要素的内容，就应当肯定构成要件的符合性。即使认定甲的先前行为成立抢劫罪，也不应否认其行为成立盗窃罪。这符合罪刑法定原则的要求。其次，《刑法》第 269 条是特殊法条，应当优先适用。既然甲的行为符合特殊法条的规定，就应当优先适用，这是法条适用规则的基本要求。最后，观点一的结论能够实现罪刑相适应。如果按照观点二，甲的行为成立抢劫罪与故意伤害罪，结合其法定刑的规定，最高可能判处 20 年有期徒刑，因其两罪的法定最高刑均为 10 年有期徒刑。比较甲、乙二人的行为，甲的行为危害程度更高，但比起对乙的处罚更轻，明显不公平。为了保证罪刑相适应，适用观点一，至少可以保证甲、乙的法定刑具有等价性，以确保罪刑相适应。

2. 甲为勒索财物绑架刘某，甲成立绑架罪既遂；后甲使用暴力殴打刘某致其死亡，且无法证明甲具有杀人故意还是伤害故意，甲的行为属于过失致人死亡。对于甲的行为性质和法律适用，存在以下不同的处理意见：

观点一认为，甲的行为成立绑架罪与过失致人死亡罪，应当并罚。理由如下：对甲的行为不能适用《刑法》第 238 条第 2 款后半段的规定，（非法拘禁）使用暴力致人死亡的，以故意杀人罪论处。一方面，绑架行为与非法拘禁行为属于对立关系，甲实施的系绑架行为，而非非法拘禁的行为；另一方面，《刑法》第 238 条第 2 款的适用，要求非法拘禁后实施故意杀人的行为，即认为该规定属于结合犯，而甲没有杀人故意。因此，对甲的行为不得适用《刑法》第 238 条第 2 款规定，应以绑架罪与过失致人死亡罪并罚。

观点二认为，甲的行为成立故意杀人罪既遂。对甲的行为应当适用《刑法》第 238 条第 2 款的规定。理由如下：一方面，绑架罪与非法拘禁罪不是对立关系，绑架行为本身也是非法拘禁的行为，故甲的行为符合该条款适用的前提条件。另一方面，“使用暴力致人死亡的”是指行为人实施超出非法拘禁之外的其他暴力行为过失致人死亡的情形，即该规定属于法律拟制。因此，甲的行为符合非法拘禁使用暴力致人死亡的情形，应以法律拟制的故意杀人罪论处，同时成立绑架罪，属于想象竞合犯，应以重罪故意杀人罪论处。

观点二具有合理性。首先，从法律理解和案件事实的判断来看，乙的行为是符合《刑法》第238条第2款后半段的规定，符合罪刑法定原则的要求。其次，从法条关系来看，《刑法》第238条第2款后半段属于特殊法条，按照法条适用规则，应当优先适用。再次，从罪刑相适应原则来看，观点二能做到法律评价的协调性和一致性。因为按照观点一，绑架罪的法定最高刑为无期徒刑，而过失致人死亡罪的法定最高刑为7年有期徒刑，两罪数罪并罚，最高可能判处无期徒刑。但如果非法拘禁使用暴力致人死亡，以故意杀人罪追究刑事责任，最高可能判处死刑。而绑架后使用暴力致人死亡，比起非法拘禁使用暴力致人死亡危害更大，而且完全符合非法拘禁使用暴力致人死亡的情形，如果法律评价给予更轻的处罚，实属不公平。显然，按照观点二，才能避免这种处罚不公平的现象出现。最后，结合上述理解，按照观点二能更好地实现预防犯罪的功能。为避免行为人非法扣押、拘禁被害人后人性弱点的进一步恶化，对之后实施暴力致人死亡的情形，以更严重的故意杀人罪论处，可以更好地预防犯罪。

3.（1）乙的行为不成立侵占罪。理由如下：乙虽然窃取了钱某衣柜钥匙牌，但并未因此而占有其中的财物，故乙取走衣柜中财物的行为不可能成立侵占罪。

（2）乙的行为不成立诈骗罪。理由如下：即使钱某失去了对钥匙牌的占有，衣柜中的财物依然属于钱某占有，服务员属于占有辅助者，服务员没有处分钱某财产的权限和地位，故乙欺骗服务员最终取得财物的行为不成立诈骗罪。

（3）我认为乙的行为成立盗窃罪。理由如下：乙以非法占有为目的，完全违反占有者钱某保护财产的意志，直接实施了转移财物占有的行为，成立盗窃罪的直接正犯，而非间接正犯，数额为2万元。

4.（1）甲雇请周某杀人，但最终周某并未实施杀人行为，周某不成立故意杀人罪。按照共犯从属性说，因周某没实施杀人行为，甲也不成立故意杀人罪的教唆犯。

(2) 周某获取2万元现金时并无诈骗故意，而是属于意图实施的犯罪行为的报酬，故不成立诈骗罪，也不成立其他犯罪。相应地，丁与周某一起消费2万元的行为也不成立犯罪。

(3) 周某并未实施杀人行为，而向甲索要18万元的行为，成立诈骗罪，因周某虚构事实，隐瞒真相，骗取了甲的财物；同时周某以恶害相通告，使甲产生恐惧心理而处分财物，成立敲诈勒索罪；周某的诈骗罪与敲诈勒索罪属于想象竞合犯，从一重罪论处。

(4) 丁明知周某犯罪所得18万元而为其保管的行为，成立掩饰、隐瞒犯罪所得罪。

(5) 甲知道真相后要求周某退还20万元的行为，要区分18万元与2万元：18万元属于犯罪所得，不予退还的行为不具有期待可能性，不成立犯罪。

(6) 对于周某不予退还2万元的行为是否成立侵占罪，刑法理论上存在分歧：观点一认为，2万元属于不法原因给付物，对于甲而言，不存在值得法律保护的所有权，而且也没有值得保护的信赖和信任制度，故周某的行为不成立侵占罪；观点二认为，甲对于2万元现金存在事实上的所有权，周某将其据为己有，违反了基本社会秩序，属于变占有为所有的行为，成立侵占罪。

三、【答案与解析】

1. 本案诉讼程序存在以下违法之处：

(1) W市检察院解除留置，是错误的。《刑事诉讼法》第170条第2款规定："对于监察机关移送起诉的已采取留置措施的案件，人民检察院应当对犯罪嫌疑人先行拘留，留置措施自动解除。人民检察院应当在拘留后的十日以内作出是否逮捕、取保候审或者监视居住的决定。在特殊情况下，决定的时间可以延长一日至四日。人民检察院决定采取强制措施的期间不计入审查起诉期限。"本案中，W市检察院无须解除留置，留置措施自动解除。

(2) W市检察院于7月29日决定对甲、乙、丙三人逮捕，是错误的。根据前引《刑事诉讼法》第170条第2款的规定，人民检察院应当在拘留后的10日或者14日以内作出是否逮捕、取保候审或者监视居住的决定。本案中，W市检察院于7月10日对甲、乙、丙先行拘留，最晚应在7月24日决定逮捕，W市检察院于7月29日决定对三人逮捕，属于超过法定期限的行为。

(3) W市监察委员会9月29日补充调查完毕，移送W市检察院审查起诉，是错误的。《监察法》第47条第3款规定："人民检察院经审查，认为需要补充核实的，应当退回监察机关补充调查，必要时可以自行补充侦查。对于补充调查的案件，应当在一个月内补充调查完毕。补充调查以二次为限。”本案中，检察院 8 月 25 日退回 W 市监察委员会补充调查，W 市监察委员会最晚应在 9 月 25 日补充调查完毕，再次移送 W 市检察院审查起诉。

（4）W 市检察院对甲决定不起诉，是错误的。《监察法》第 47 条第 4 款规定：“人民检察院对于有《中华人民共和国刑事诉讼法》规定的不起诉的情形的，经上一级人民检察院批准，依法作出不起诉的决定。监察机关认为不起诉的决定有错误的，可以向上一级人民检察院提请复议。”本案中，W 市检察院应经 K 省检察院批准，才可作不起诉决定。

（5）W 市检察院报经最高人民法院核准，对乙作出不起诉决定，是错误的。《刑事诉讼法》第 182 条第 1 款规定：“犯罪嫌疑人自愿如实供述涉嫌犯罪的事实，有重大立功或者案件涉及国家重大利益的，经最高人民检察院核准，公安机关可以撤销案件，人民检察院可以作出不起诉决定，也可以对涉嫌数罪中的一项或者多项不起诉。”本案中，乙如实供述犯罪事实，且有重大立功表现，符合特别不起诉的适用条件，但 W 市检察院需报经最高人民检察院而不是最高人民法院核准，作出不起诉决定。

（6）W 市监察委员会对甲的不起诉决定不服，向 W 市检察院提请复议，是错误的。依据前引《监察法》第 47 条第 4 款的规定，可知监察机关认为不起诉的决定有错误的，可以向上一级人民检察院提请复议。本案中，W 市监察委员会应向 K 省检察院提请复议。

（7）W 市中级法院决定对丙指定居所监视居住，是错误的。《刑事诉讼法》第 75 条第 1 款规定：“监视居住应当在犯罪嫌疑人、被告人的住处执行；无固定住处的，可以在指定的居所执行。对于涉嫌危害国家安全犯罪、恐怖活动犯罪，在住处执行可能有碍侦查的，经上一级公安机关批准，也可以在指定的居所执行。但是，不得在羁押场所、专门的办案场所执行。”本案中，丙家住 W 市，其有固定住处，且不属于危害国家安全犯罪、恐怖活动犯罪，因此，不能对丙指定居所监视居住，而应在丙的住处执行监视居住。

（8）W 市中级法院报请最高人民检察院核准后适用缺席审判程序，是错误的。《刑事诉讼法》第 291 条第 1 款规定：“对于贪污贿赂犯罪案件，以及需要及时进行审判，经最高人民检察院核准的严重危害国家安全犯罪、恐怖活动犯罪案件，犯罪嫌疑人、被告人在境外，监察机关、公安机关移送起诉，人民检察院认为犯罪事实已经查清，证据确实、充分，依法应当追究刑事责任的，可以向人民法院提起公诉。人民法院进行审查后，对于起诉书中有明确的指控犯罪事实，符合缺席审判程序适用条件的，应当决定开庭审判。”本案中，丙属于贪污贿赂犯罪，因此不需要报请最高人民检察院核准，即可进行缺席审判。

（9）W 市中级法院给丙的父亲送达了起诉书副本和传票，让丙的父亲向丙转达，是错误的。《高法解释》第 600 条规定：“对人民检察院依照刑事诉讼法第二百九十一条第一款的规定提起公诉的案件，人民法院立案后，应当将传票和起诉书副本送达被告人，传票应当载明被告人到案期限以及不按要求到案的法律后果等事项；应当将起诉书副本送达被告人近亲属，告知其有权代为委托辩护人，并通知其敦促被告人归案。”本案中，丙的父亲是丙的近亲属，W 市中级法院不能向丙的父亲送达传票，只能向丙的父亲送达起诉书副本。W 市中级法院还应当将起诉书副本和传票送达给被告人丙，不能让丙的父亲转达。

（10）W 市法律援助中心指派值班律师丁出庭为丙提供法律帮助，是错误的。《刑事诉讼法》第 293 条规定：“人民法院缺席审判案件，被告人有权委托辩护人，被告人的近亲属可以代为委托辩护人。被告人及其近亲属没有委托辩护人的，人民法院应当通知法律援助机构指派律师为其提供辩护。”本案中，若丙及其近亲属没有委托辩护人，W 市中级法院应当通知法律援助机构指派律师为丙提供辩护。

（11）丙的父亲代丙做最后陈述，是错误的。《高法解释》第 603 条规定：“人民法院审理人民检察院依照刑事诉讼法第二百九十一条第一款的规定提起公诉的案件，参照适用公诉案件第一审普通程序的有关规定。被告人的近亲属参加诉讼的，可以发表意见，出示证据，申请法庭通知证人、鉴定人等出庭，进行辩论。”因此，被告人丙的父亲作为丙的近亲属，无权代丙做最后陈述。

（12）丙的父亲征得丙的同意后，提出上诉，是错误的。《刑事诉讼法》第 294 条第 1 款规定：“人民法院应当将判决书送达被告人及其近亲属、辩护人。被告人或者其近亲属不服判决的，有权向上一级人民法院上诉。辩护人经被告人或者其近亲属同意，可以提出上诉。”本案中，丙的父亲无须征得丙的同意，即可提出上诉。

2.《刑事诉讼法》第 295 条第 1 款规定："在审理过程中，被告人自动投案或者被抓获的，人民法院应当重新审理。"本案中，K 省高级法院在二审过程中，丙被遣返回国，K 省高级法院应当重新审理。

《刑事诉讼法》第 295 条第 2 款规定："罪犯在判决、裁定发生法律效力后到案的，人民法院应当将罪犯交付执行刑罚。交付执行刑罚前，人民法院应当告知罪犯有权对判决、裁定提出异议。罪犯对判决、裁定提出异议的，人民法院应当重新审理。"本案中，在二审裁判生效后，丙被遣返回国，法院应当告知丙有权对裁判提出异议。丙提出异议的，法院应当重新审理。

四、【答案与解析】

1.【考点】公司提供非关联担保

【答案】A 公司的这一抗辩理由不能成立。理由在于：B 公司是 A 公司的**全资子公司**，为担保 B 公司因经营活动对 C 银行负担的借款债务，根据《民法典担保制度解释》第 8 条的规定，**无须形成同意提供担保的 A 公司有效机关决议**，A 公司的法定代表人即**享有**代表 A 公司与 C 银行订立保证合同的**代表权限**，同时，根据《民法典》第 61 条第 2 款的规定，该保证合同直接归属于 A 公司承受，B 公司无力清偿对 C 银行的借款债务时，A 公司应当按约承担最高额保证担保责任。

2.【考点】最高额保证；保证期间

【答案】A 公司的这一抗辩理由不能成立。理由在于：A 公司提供最高额保证担保的借款债权，参照《民法典》第 423 条的规定，**约定的债权确定期间届满之日**（2020 年 12 月 31 日），C 银行对 B 公司的**借款债权确定**。同时，借款债权确定时，仅第一笔和第二笔借款到期，第三笔借款未到期，根据《民法典担保制度解释》第 30 条第 2 款的规定，A 公司最高额保证 6 个月保证期间应当**自最后到期债权的履行期届满之日起**开始计算，起算点为 2021 年 3 月 2 日，终止点为 2021 年 9 月 1 日。C 银行于 2021 年 7 月 1 日请求 A 公司承担连带责任保证的担保责任，保证期间未经过，A 公司的最高额保证责任未消灭。

3.【考点】保证人的代位求偿权；正常经营活动买受人规则

【答案】A 公司无权主张对这 1 万套防护服行使抵押权优先受偿。理由在于：虽然 A 公司承担保证责任后，基于**代位求偿权**，取得对 B 公司抵押动产的动产浮动抵押权，但是，抵押期间，抵押人 B 公司将作为动产浮动抵押标的物的1万套防护服出卖给五湖医院，属于抵押人的**正常经营活动**，受让人五湖医院**以合理的价款受让**并且**已经受让动产的交付**，根据《民法典》第404条和《民法典担保制度解释》第56条的规定，转让给五湖医院的1万套防护服已经**自动解除抵押关系，不再属于动产浮动抵押权的标的物**，A公司不得对其行使抵押权。

4.【考点】抵押物的转让规则；保证人的代位求偿权；正常经营活动买受人规则

【答案】A公司有权主张对该生产设备行使抵押权优先受偿。理由在于：①根据《民法典》第406条的规定，B公司将抵押的生产设备出卖给四海公司属于**有权处分**，四海公司自受让交付时取得对该生产设备的所有权，同时，对四海公司取得所有权的生产设备，C银行**继续享有已登记的动产浮动抵押权**；②抵押人B公司出卖抵押的**生产设备**，根据《民法典担保制度解释》第56条的规定，**不属于**抵押人B公司的**正常经营活动**，转让给四海公司的生产设备**并未解除抵押关系**；③A公司承担最高额保证责任后，根据《民法典》第700条与《民法典担保制度解释》第18条第2款的规定，A公司享有**代位求偿权**，依法取得对B公司抵押动产的动产浮动抵押权，A公司有权对四海公司取得所有权的生产设备行使抵押权。

5.【考点】《民法典》的溯及力

【答案】一审法院的这一做法不符合法律规定。理由在于：虽然原则上，《民法典》没有溯及力，但是，**在三类例外情形下，《民法典》具有溯及力**，可以适用于《民法典》施行前发生的民事法律事实。甲、乙间的《A房屋买卖合同》陷入"**合同僵局**"的法律事实发生于《民法典》施行以前，当时的法律没有规定，《民法典》第580条第2款对"合同僵局"作了"**新增规定**"，根据《关于适用民法典时间效力的若干规定》第3条与第11条"**新增规定溯及例外**"，《民法典》第580条第2款规定**对甲、乙间的僵局合同具有溯及力**，一审法院可以适用《民法典》第580条第2款作为裁判的依据。

6.【考点】合同僵局的司法解除

【答案】二审法院可以合同僵局为由判决解除《A房屋买卖合同》，同时判决甲对应承担预期违约的违约责任。理由在于：甲将A房屋出卖给丙并办理过户登记后，甲按约为乙办理A房屋过户登记的合同义务陷入"**永久履行不能**"，乙**不得请求**甲**实际履行**，并因此**致使乙订立A房屋买卖合同的目的不**

能实现。同时，守约方乙不同意解除合同，**陷入合同僵局**；根据《民法典》第580条第2款的规定，若违约方甲以合同僵局为由诉请法院判决解除《A房屋买卖合同》，**法院可以合同僵局为由判决解除，同时判决甲对守约方乙承担预期违约的违约责任**。

7.【考点】一人公司为股东债务提供担保

【答案】B公司这一抗辩理由不能成立。理由在于：B公司系**一人公司，不设股东会**，因此，B公司为其股东A公司的债务提供保证担保时，根据《民法典担保制度解释》第10条的规定，不适用《公司法》第16条的规定，**B公司的所有人**（即股东A公司）**同意**B公司提供保证担保的，B公司的法定代表人即**享有**代表B公司订立保证合同的**代表权限**，所订立的保证合同直接归属于B公司承受。

8.【考点】法人人格否认

【答案】由于B公司对南洋公司的1500万元债务尚未经生效判决确认，因此，未起诉B公司，南洋公司仅以股东A公司为被告起诉诉请否认B公司法人人格的，**参照**《全国法院民商事审判工作会议纪要》第13条规定的**裁判思路**，法院应当向债权人南洋公司**释明**，告知其**追加B公司为共同被告**；释明后，债权人南洋公司**拒绝追加**的，人民法院应当**裁定驳回起诉**。

9.【考点】法人人格否认；一人公司为股东提供担保的后果

【答案】法院可以否认B公司的法人人格，判令A公司对B公司的1500万元债务承担连带责任。理由在于：作为一人公司的B公司，为其股东A公司的债务提供并承担保证责任，并因此导致B公司无力清偿对南洋公司的债务，若A公司**不能**举证证明B公司与A公司**财产独立**，则应当认定A公司与B公司发生了**财产混同与人格混同**，股东A公司实施了滥用B公司独立责任的滥用行为，并因此严重损害B公司债权人的利益。根据《民法典》第83条第2款与《民法典担保制度解释》第10条的规定，可以否认B公司的法人人格，判令A公司对B公司的1500万元债务承担连带责任。

五、【答案与解析】

1. 依据《公司法》及相关司法解释的规定，在股东派生诉讼中，提起诉讼的股东是原告，损害公司利益的主体是被告，公司是第三人。因此，在姜小新提起的派生诉讼中，姜小新是原告，刘鸣是被告，欢跃公司是第三人。

2. 姜小新是否具有派生诉讼的原告资格，取决于除名决议的效力，本案中姜小新已经提起了确认除名决议无效之诉，目前除名决议的效力处于待定状态，姜小新能否继续作为原告进行派生诉讼，取决于决议无效之诉的裁判结果。依据《民事诉讼法》第153条第1款第5项的规定，姜小新能否继续进行派生诉讼，以除名决议无效之诉的裁判结果为前提，而除名决议无效之诉尚未审结，此时应当裁定中止派生诉讼，等待除名决议无效之诉的裁判结果。

3. 诉的合并是指法院将两个或两个以上存在牵连的诉合并到同一法院管辖，并适用同一诉讼程序审判，其功能旨在提升诉讼效率、节约司法资源并防止矛盾的裁判结果。本案中，股东派生诉讼与股东除名决议无效之诉在当事人、法律关系、诉讼请求等方面均差异较大，且股东除名决议无效之诉是派生诉讼的前提和基础，考虑到两个诉的重叠性较小，合并审理并不能节约诉讼资源、提升诉讼效率，因此这两个诉讼不符合合并审理的条件。法院应当告知姜小新可以另行向有管辖权的法院提起确认股东除名决议无效之诉，同时裁定中止派生诉讼，等待确认股东除名决议无效之诉的裁判结果作出后，再行对派生诉讼进行审理和裁判。

4. 股东派生诉讼中股东的起诉资格源于公司的诉权，依据《公司法解释（四）》第25条的规定，股东提起派生诉讼的案件，胜诉利益归属于公司。因此在本案中，如果法院支持了姜小新的诉讼请求，则胜诉利益应当归属于欢跃公司。若刘鸣不履行生效判决，欢跃公司当然有权申请执行。此外，如果欢跃公司怠于申请执行，则姜小新有权向法院提出执行申请。

强制执行申请书

申请人：欢跃公司或姜小新

被申请人：刘鸣

申请事项：

1. 被执行人张某向申请执行人欢跃公司支付案款×××元，利息×××元，诉讼费用×××元，并支付迟延履行期间的利息。

2. 本案的执行申请费由被执行人承担。

申请理由：

申请人姜小新与被执行人刘鸣侵权损害赔偿纠纷一案，×××人民法院于××××年××月××日作出×××号民事判决书，该判决书现已发生法律效力，但被执行人拒不履行生效法律文书确定的义务。为了维护申请人的合法权益，特依据《中华人民共和国民事诉讼法》的相关规定，申请强制执行。

此致

×××人民法院
申请人：欢跃公司或姜小新
××××年××月××日

5. 依据《民诉法解释》的规定，法院的执行部门依法经申请执行人（佰旺集团或大力公司）或者被申请人欢跃公司同意，裁定中止执行并将案件材料移送至被执行人欢跃公司所在地法院。若当事人不同意移送或者法院不予受理破产申请，则执行法院就执行变价所得财产，在扣除执行费用及清偿优先受偿的债权后，对于普通债权，按照财产保全和执行中查封、扣押、冻结财产的先后顺序清偿。

六、【案情梳理】

1. 2020 年 10 月 9 日，杨某向鸣鹤区住房和城乡建设规划局申请信息公开，区住房和城乡建设规划局未在法定期限内答复。2020 年 11 月 2 日，杨某以区住房和城乡建设规划局不履行法定职责为由提起行政诉讼。

2. 杨某向鸣鹤区政府申请信息公开——鸣鹤区政府拒绝公开。

【答案与解析】

1. 具有。

理由：依据相关法律规定，杨某提出申请公开《房屋拆迁许可证》的相关信息，其享有知情权，而行政机关鸣鹤区住房和城乡建设规划局收到申请却一直未在法定期限内作出答复，该行政不作为侵犯了杨某的知情权，杨某为行政相对人，与该行为之间存在利害关系，依法具有申请人资格。

2. 不合法。

理由：鸣鹤区住房和城乡建设规划局作为接受杨某申请的行政机关，有职责向当事人予以公开相关信息，即使认为不属于公开范围的，也应当在法定期限内向当事人作出拒绝公开的决定并说明理由。逾期不履行、拖延履行属于典型的违法行为。

3. 不成立。

理由：政府信息，是指行政机关在履行行政管理职能过程中制作或者获取的，以一定形式记录、保存的信息。本案中，行政机关已经作出《房屋拆迁许可证》，杨某所申请公开的拆迁许可证申请书的内容、审查人员、领导名单等信息均是行政机关在履行职责过程中制作或者获取的，以一定形式记录、保存的信息，属于政府信息。

4. 不合法。

理由：根据相关法律规定：（1）申请公开的信息中含有不应当公开或者不属于政府信息的内容，但是能够作区分处理的，行政机关应当向申请人提供可以公开的政府信息内容，并对不予公开的内容说明理由。（2）依申请公开的政府信息公开会损害第三方合法权益的，行政机关应当书面征求第三方的意见。第三方不同意公开且有合理理由的，行政机关不予公开。行政机关认为不公开可能对公共利益造成重大影响的，可以决定予以公开，并将决定公开的政府信息的内容和理由书面告知第三方。

本案中，鸣鹤区政府未考虑征求第三方意见、区分处理等，直接以涉及住户的个人隐私为由拒绝公开的行为违法。

5. 本案的被告为鸣鹤区住房和城乡建设规划局。

理由：根据相关法律规定，当事人不服经上级行政机关批准的行政行为，向人民法院提起诉讼的，以在对外发生法律效力的文书上署名的机关为被告。本案是经市住建委批准后以鸣鹤区住房和城乡建设规划局的名义对外作出的，而鸣鹤区住房和城乡建设规划局未予答复，因此被告为鸣鹤区住房和城乡建设规划局。

6. 人民法院应当判决被告在一定期限内公开。尚需被告调查、裁量的，判决其在一定期限内重新答复。

《最高人民法院关于审理政府信息公开行政案件若干问题的规定》第9条第1款规定："被告对依法应当公开的政府信息拒绝或者部分拒绝公开的，人民法院应当撤销或者部分撤销被诉不予公开决定，并判决被告在一定期限内公开。尚需被告调查、裁量的，判决其在一定期限内重新答复。"

七、【答案与解析】

1. 韩静的看法错误。

股东会会议中，股东按照出资比例行使表决权。在章程未作特别规定的情况下，股东按照认缴的出资比例行使表决权。虽然钟诚未按约定履行出资义务，但其仍然享有表决权。

2. 钟诚的说法错误。

(1) 股东未履行出资义务，经过催告，其在合理期间仍未缴纳出资的，公司可以股东会的形式解除其股东资格。

(2) 因被除名人与决议存在直接的利益冲突，故该股东对除名决议不享有表决权。

本题中，钟诚未出资，若对钟诚进行除名，钟诚不享有表决权，其他股东能够通过对其除名的决议。

3. 股东会决议包括两项内容：将执行董事制度变更为董事会制度，转让公司主要财产。

(1) 将执行董事制度变更为董事会制度，属于修改公司章程。应当经持有公司2/3以上表决权的股东审议通过，本题中，韩静、李松两人同意，其表决权比例为53%，未达到2/3，故该决议不成立。

钟诚请求撤销该决议，不能得到法院的支持。

(2) 转让公司的主要财产属于股东会的一般事项。

①丰收公司召开了股东会会议，经持有公司53%表决权的股东审议通过，该决议成立；

②决议内容为转让主要财产，并不违反法律规定，该决议有效；

③此次股东会会议未按照公司法的规定提前15日通知，并且在微信群内进行表决，属于会议的召集程序、表决方式违反法律法规，故该决议可撤销。

若钟诚自决议通过之日起60日内提起撤销之诉，能够得到法院的支持。

4. 能够得到支持。

刘安对公司转让主要财产的决议投了反对票，其有权要求公司以合理价格回购其股权。

5. 李松提起的股东的代表诉讼，应当以韩静为被告，丰收公司作为第三人。

6. (1) 法院应当确认和解协议是否是公司的真实意思表示，只有经过股东会决议或董事会决议后，法院才能出具调解书结案；

(2) 审议机构以公司章程规定为准，公司章程未规定的，应当以股东会为审议机构。

D卷

一、【参考范文】

法治建设要为了人民、依靠人民、造福人民、保护人民。坚持和发展新时代“枫桥经验”是贯彻落实习近平法治思想坚持以人民为中心的必然要求。

坚持以人民为中心是中国特色社会主义法治的根本立场。第一，人民群众是党的力量源泉，人民立场是党的根本政治立场。坚持以人民为中心，深刻回答了推进全面依法治国，建设社会主义法治国家为了谁、依靠谁的问题。第二，全面依法治国最广泛、最深厚的基础是人民，推进全面依法治国的根本目的是依法保障人民权益。第三，我国社会主义制度保证了人民当家作主的主体地位，也保证了人民在全面推进依法治国中的主体地位。第四，始终代表最广大人民根本利益，是我国国家制度和国家治理体系的本质属性和有效运行的根本所在。

坚持以人民为中心，必须做到：第一，坚持人民主体地位。必须把以人民为中心的发展思想融入全面依法治国的实践中，要保证人民依法享有广泛的权利、承担应尽的义务，使全体人民都成为法治的坚定捍卫者。要用法治保障人民当家作主，保证人民在党的领导下依法管理国家事务。第二，牢牢把握社会公平正义这一法治价值追求。全面依法治国必须紧紧围绕社会公平正义，把公平正义贯穿到立法、执法、司法、守法的全过程，努力让人民群众感受到公平正义。第三，推进全面依法治国的根本目的是依法保障人民权益。必须始终把人民作为一切工作的中心，用法治维护最广大人民的根本利益，保障人民群众对美好生活的向往和追求。

1963年形成的“枫桥经验”强调依靠人民群众就地解决矛盾，是党的群众工作方法的一种重要创新。新时代“枫桥经验”在此基础上，强调在法治框架下采取多元化的纠纷解决机制，努力将矛盾化解在基层。坚持和发展新时代“枫桥经验”，具有以下重要意义：第一，体现了坚持以人民为中心的根本立场，有利于充分发挥广大人民群众在基层社会治理中的积极作用。第二，多种手段结合创新基层社会治理，把法治思维、法治方式贯穿于多元化纠纷解决机制，有利于推动基层社会治理现代化。第三，将矛盾化解在基层，有利于实现自治、法治、德治相结合的城乡基层治理体系，推动社会和谐稳定。

总之，作为一个基层法律工作者，在日常的学习和工作中，我深刻体会到，坚持和发展新时代“枫桥经验”必须以人民为中心，发挥人民在基层治理中的积极作用，为推进全面依法治国提供坚实的社会基础。

二、【答案与解析】

1.（1）赵某和钱某成立挪用公款罪。理由如下：钱某指使赵某挪用抢险、救灾款500万元归个人使用，即使钱某在澳门参加赌博不成立犯罪，但挪用后超过3个月未还的，属于挪用公款的违法行为，赵某成立挪用公款罪的正犯，钱某成立挪用公款罪的教唆犯。

（2）赵某成立贪污罪。理由如下：由于赵某通过虚构救灾领款人的方式平账300万元，表明其具有不法所有的目的，其挪用的300万元抢险、救灾款转化为贪污罪。钱某归还200万元给赵某，赵某一直未归还的，仍然成立挪用公款罪。

（3）钱某成立受贿罪，赵某成立行贿罪。理由如下：钱某为赵某谋取了利益，双方达成不归还300万元的协议，钱某成立受贿罪，数额为300万元；赵某为谋取不正当利益，而给予钱某300万元的，成立行贿罪。

2.（1）钱某成立受贿罪。理由如下：国家工作人员钱某明知自己的特定关系人孙某利用自己的职务影响收取了请托人李某的财物，不要求其退还或者上交纪委等部门的，视为钱某利用职务之便接受了贿赂，成立受贿罪，数额为1000万元。

（2）孙某成立受贿罪和利用影响力受贿罪的想象竞合犯，择一重罪论处。理由如下：钱某成立受贿罪，其特定关系人孙某帮其收受了财物，成立受贿罪的帮助犯，数额为1000万元。孙某利用钱某的职务之便，收受请托人李某的财物，为李某谋取了不正当利益，其行为同时成立利用影响力受贿罪，与受贿罪属于想象竞合犯。

（3）李某成立行贿罪和对有影响力的人行贿罪。理由如下：李某为谋取不正当利益，给予国家工作人员的特定关系人孙某财物，成立对有影响力的人行贿罪。李某事后知道钱某清楚全案真相，明知其给予孙某的财物指向了国家工作人员钱某的职务行为，其行为同时成立行贿罪，与对有影响力的人行贿罪属于想象竞合犯。

3.（1）李某构成行贿罪。理由如下：李某为谋取不正当利益，花费 5 万元雇请性交易者刘某为钱某提供性服务的，属于给予国家工作人员财产性利益的行为，成立行贿罪既遂，数额为 5 万元。

（2）李某谎称与钱某发生过性关系的刘某怀孕，并向钱某称刘某需要钱某付其 100 万元。由于李某并未让钱某交付钱财，即李某并未骗取钱某的财物，李某的行为不成立诈骗罪。李某向钱某表明自己帮其垫付 100 万元，但李某并未将钱转交给刘某，即没有人收受财物，故李某不成立行贿罪。

（3）钱某酒醉后虽然与刘某发生性关系，但无法确定钱某当时明知刘某系李某花钱雇请的性交易者，故无法证明钱某接受具有财产性利益的性贿赂的故意，不成立受贿罪。

（4）赵某谎称为钱某垫付 100 万元给刘某的行为，钱某并未获取财物，钱某不成立受贿罪。

4.（1）李某为谋取不正当利益，有求于钱某的职务行为，被钱某勒索而给予了钱某中奖 50 万元的彩票，但李某并未谋取到不正当利益，按照《刑法》第 389 条第 3 款的规定，李某的行为不成立行贿罪。

（2）钱某在李某有求于自己的职务行为时，主动索要 50 万元（中奖彩票）的，成立受贿罪，属于索贿情形，应当从重处罚。

（3）孙某接受钱某收受的中奖彩票的行为不成立受贿罪的共犯，因为钱某受贿行为已经结束，孙某系事后知情。但孙某明知中奖彩票系钱某受贿所得财产，而为其改变财产来源和性质，成立洗钱罪。

三、【答案与解析】

1. 本案诉讼程序存在以下违法之处：

（1）侦查人员在指定的某咖啡厅询问了证人康某，是错误的。依据《刑事诉讼法》第 124 条第 1 款的规定，侦查人员询问证人，可以在现场进行，也可以到证人所在单位、住处或者证人提出的地点进行，在必要的时候，可以通知证人到人民检察院或者公安机关提供证言。由此可知，侦查人员不得在指定地点询问证人。

（2）在搜查苗某的住所时，由雷某的母亲王某担任见证人，是错误的。依据《高法解释》第 80 条第 1 款的规定：“下列人员不得担任见证人：（一）生理上、精神上有缺陷或者年幼，不具有相应辨别能力或者不能正确表达的人；（二）与案件有利害关系，可能影响案件公正处理的人；（三）行使勘验、检查、搜查、扣押、组织辨认等监察调查、刑事诉讼职权的监察、公安、司法机关的工作人员或者其聘用的人员。”本案中，王某属于上述第（二）类人员，不得担任见证人。

（3）苗某的侄女苗甲无权向Z市公安局为苗某申请取保候审。《刑事诉讼法》第97条规定，犯罪嫌疑人、被告人及其法定代理人、近亲属或者辩护人有权申请变更强制措施。《刑事诉讼法》第108条第6项规定，“近亲属”是指夫、妻、父、母、子、女、同胞兄弟姊妹。因此，苗某的侄女不是苗某的近亲属，不得为苗某申请取保候审。

（4）Z市公安局以“苗甲在12年前曾因绑架罪被判刑10年”为由，拒绝苗甲担任保证人，是错误的。《刑事诉讼法》第69条规定：“保证人必须符合下列条件：（一）与本案无牵连；（二）有能力履行保证义务；（三）享有政治权利，人身自由未受到限制；（四）有固定的住处和收入。”由此可见，《刑事诉讼法》并未禁止有犯罪前科的人担任保证人。

（5）在取保候审期间，Z市公安局要求苗某须经公安机关批准才可更换自己的手机号码，是错误的。《刑事诉讼法》第71条第1、2款规定：“被取保候审的犯罪嫌疑人、被告人应当遵守以下规定：（一）未经执行机关批准不得离开所居住的市、县；（二）住址、工作单位和联系方式发生变动的，在二十四小时以内向执行机关报告；（三）在传讯的时候及时到案；（四）不得以任何形式干扰证人作证；（五）不得毁灭、伪造证据或者串供。人民法院、人民检察院和公安机关可以根据案件情况，责令被取保候审的犯罪嫌疑人、被告人遵守以下一项或者多项规定：（一）不得进入特定的场所；（二）不得与特定的人员会见或者通信；（三）不得从事特定的活动；（四）将护照等出入境证件、驾驶证件交执行机关保存。”依据上述被取保候审人的法定义务的第（二）项规定，苗某更换自己的手机号码即联系方式只需要向公安机关报告，而无须公安机关批准。

（6）在拘留后，Z市公安局以有碍侦查为由，未通知苗某的家属，是错误的。《刑事诉讼法》第85条第2款规定：“拘留后，应当立即将被拘留人送看守所羁押，至迟不得超过二十四小时。除无法通知或者涉嫌危害国家安全犯罪、恐怖活动犯罪通知可能有碍侦查的情形以外，应当在拘留后二十四小时以内，通知被拘留人的家属。有碍侦查的情形消失以后，应当立即通知被拘留人的家属。”本案是故意杀人案，只有在无法通知的情形下才可不通知苗某的家属。

（7）Z 市检察院刑事执行检察部门对苗某进行羁押必要性审查，是错误的。《高检规则》[1]第 575 条第 1 款规定："负责捕诉的部门依法对侦查和审判阶段的羁押必要性进行审查。经审查认为不需要继续羁押的，应当建议公安机关或者人民法院释放犯罪嫌疑人、被告人或者变更强制措施。"依据此规定，应当由 Z 市检察院负责捕诉的部门而不是刑事执行检察部门对苗某进行羁押必要性审查。

（8）Z 市检察院进行羁押必要性审查后，认为苗某不需要继续羁押，作出了释放苗某的决定并通知 Z 市公安局，是错误的。依据前引《高检规则》第 575 条第 1 款之规定，Z 市检察院在羁押必要性审查后认为不需要继续羁押的，应当建议 Z 市公安局对苗某予以释放或者变更强制措施。

（9）苗某申请证人钱某出庭作证，法院在庭前会议中予以驳回，是错误的。《高法解释》第 228 条第 1、3 款规定："庭前会议可以就下列事项向控辩双方了解情况，听取意见：（一）是否对案件管辖有异议；（二）是否申请有关人员回避；（三）是否申请不公开审理；（四）是否申请排除非法证据；（五）是否提供新的证据材料；（六）是否申请重新鉴定或者勘验；（七）是否申请收集、调取证明被告人无罪或者罪轻的证据材料；（八）是否申请证人、鉴定人、有专门知识的人、调查人员、侦查人员或者其他人员出庭，是否对出庭人员名单有异议；（九）是否对涉案财物的权属情况和人民检察院的处理建议有异议；（十）与审判相关的其他问题。……对第一款规定中可能导致庭审中断的程序性事项，人民法院可以在庭前会议后依法作出处理，并在庭审中说明处理决定和理由。控辩双方没有新的理由，在庭审中再次提出有关申请或者异议的，法庭可以在说明庭前会议情况和处理决定理由后，依法予以驳回。……"本案中，证人是否出庭作证属于导致庭审中断的程序性事项，法院可以在庭前会议后依法作出处理，而不能在庭前会议中作出处理。

（10）法院认为该案明显事实不清、证据不足，建议检察院补充侦查，是错误的。《高法解释》第 232 条规定："人民法院在庭前会议中听取控辩双方对案件事实、证据材料的意见后，对明显事实不清、证据不足的案件，可以建议人民检察院补充材料或者撤回起诉。建议撤回起诉的案件，人民检察院不同意的，开庭审理后，没有新的事实和理由，一般不准许撤回起诉。"本案

[1]《人民检察院刑事诉讼规则》，以下简称《高检规则》。

中，法院认为该案明显事实不清、证据不足，可以建议检察院补充材料或者撤回起诉，不得建议检察院补充侦查。

（11）唐某提出苗某作案时可能有精神病，需要重新鉴定，法院裁定中止审理，是错误的。因为，《刑事诉讼法》第 204 条规定：“在法庭审判过程中，遇有下列情形之一，影响审判进行的，可以延期审理：（一）需要通知新的证人到庭，调取新的物证，重新鉴定或者勘验的……”因此，法院可决定延期审理。

（12）唐某在第二次开庭时未出庭，法院经过苗某同意，继续审理，是错误的。因为，苗某是聋哑人，依据《刑事诉讼法》第 35 条第 2 款的规定，苗某属于应当法律援助辩护的对象。《高法解释》第 225 条第 2 款规定：“辩护人经通知未到庭，被告人同意的，人民法院可以开庭审理，但被告人属于应当提供法律援助情形的除外。”故苗某的辩护人未到庭，法院不得继续开庭审理。

（13）有专门知识的人董某在法庭上认为本案现有证据不能认定苗某有罪，是错误的。依据《刑事诉讼法》第 197 条第 2 款的规定，有专门知识的人出庭只能就鉴定人作出的鉴定意见提出意见。

（14）公诉人徐某在法庭上要求对董某发问，审判长不予准许，是错误的。依据《刑事诉讼法》第 197 条第 4 款的规定，有专门知识的人出庭适用鉴定人的有关规定。这就意味着，公诉人可以在法庭上对有专门知识的人发问。

（15）Z 市中级法院认为，苗某的重大立功不成立，遂改判苗某无期徒刑。这一做法违反了上诉不加刑原则。《刑事诉讼法》第 237 条规定：“第二审人民法院审理被告人或者他的法定代理人、辩护人、近亲属上诉的案件，不得加重被告人的刑罚。第二审人民法院发回原审人民法院重新审判的案件，除有新的犯罪事实，人民检察院补充起诉的以外，原审人民法院也不得加重被告人的刑罚。人民检察院提出抗诉或者自诉人提出上诉的，不受前款规定的限制。”本案中，只有被告人苗某上诉，P 省高级法院发回重审后，没有新的犯罪事实，不得加重苗某的刑罚，不可将苗某的有期徒刑 15 年改为无期徒刑。

（16）P 省高级法院改判苗某无罪，是错误的。《高法解释》第 640 条规定：“第二审人民法院在审理刑事案件过程中，发现被告人可能符合强制医疗条件的，可以依照强制医疗程序对案件作出处理，也可以裁定发回原审人民法院重新审判。”《高法解释》第 295 条第 1 款规定：“对第一审公诉案件，人民法院审理后，应当按照下列情形分别作出判决、裁定：……（七）被告人是精神病人，在不能辨认或者不能控制自己行为时造成危害结果，不予刑事处罚的，应当判决宣告被告人不负刑事责任；被告人符合强制医疗条件的，应当依照本解释第二十六章的规定进行审理并作出判决……”所以，本案中，P 省高级法院应当判决宣告苗某不负刑事责任。

（17）P 省高级法院直接对苗某作出强制医疗决定，是错误的。依据《高法解释》第 638 条第 1 款的规定：“第一审人民法院在审理刑事案件过程中，发现被告人可能符合强制医疗条件的，应当依照法定程序对被告人进行法医精神病鉴定。经鉴定，被告人属于依法不负刑事责任的精神病人的，应当适用强制医疗程序，对案件进行审理。”因此，本案中，法院应当对苗某适用强制医疗程序审理后，对苗某作出强制医疗决定。

2. 在法庭审理期间，如果检察机关追加起诉，或者补充侦查完毕建议法庭恢复审理的，或者法院审理后认定的罪名与指控的罪名不一致的，应充分保障辩护人的辩护权利，给辩护人以必要的准备辩护的时间。

具体包括：（1）辩护人的阅卷权。根据《高法解释》第 274 条第 2 款的规定：“人民检察院将补充收集的证据移送人民法院的，人民法院应当通知辩护人、诉讼代理人查阅、摘抄、复制。”（2）延期审理。根据《高检规则》第 420 条第 1 款第 6 项的规定，在法庭审判过程中，遇有下列情形之一的，公诉人可以建议法庭延期审理：公诉人出示、宣读开庭前移送人民法院的证据以外的证据，或者补充、追加、变更起诉，需要给予被告人、辩护人必要时间进行辩护准备的。（3）听取意见或重新开庭审理。根据《高法解释》第 295 条第 1 款第 2 项、第 3 款的规定，对第一审公诉案件，人民法院审理后，应当按照下列情形分别作出判决、裁定：起诉指控的事实清楚，证据确实、充分，但指控的罪名不当的，应当依据法律和审理认定的事实作出有罪判决。具有第 1 款第 2 项规定情形的，人民法院应当在判决前听取控辩双方的意见，保障被告人、辩护人充分行使辩护权。必要时，可以再次开庭，组织控辩双方围绕被告人的行为构成何罪及如何量刑进行辩论。（4）被告人患有严重疾病，无法出庭的，可以中止审理。

3. 可以。因为，《高法解释》第 403 条规定：“被告人或者其法定代理人、辩护人、近亲属提出上诉，人民检察院未提出抗诉的案件，第二审人民法院发回重新审判后，除有新的犯罪事实且人民检察院补充起诉的以外，原审人民法院不得加重被告人的刑罚。对前款规定的案件，原审人民法院对上诉发回重新审判的案件依法作出判决后，人民检察院抗诉的，第二审人民法院不得改判为重于原审人民法院第一次判处的刑罚。”本案中，在只有苗某上诉时，P省高级法院发回Z市中级法院重审后，Z市检察院未补充起诉新的犯罪事实，Z市中级法院重审作出裁判后，Z市检察院抗诉的，P省高级法院改判苗某有期徒刑13年，该判决未重于Z市中级法院第一次判处的刑罚（即有期徒刑15年），不违反上诉不加刑原则。

四、【答案与解析】

1.【考点】民间借贷；民间借贷的无效事由

【答案】2020年9月，甲公司与赵某间本金为100万元的借款合同，属于无效的民间借贷合同。理由在于：甲公司与赵某间本金为100万元的借款合同，系甲公司将**向本单位职工集资**取得的借款**转贷**给赵某，根据《民间借贷规定》[1]第13条的规定，甲公司与赵某间的借款合同**无效**。

2.【考点】保证；保证合同效力上的从属性

【答案】2020年9月，甲公司与钱某间**保证合同无效**。理由在于：钱某与甲公司的保证合同不属于法律例外规定可以具有效力上的独立性的保证合同类型，根据《民法典担保制度解释》第2条第1款的规定，该保证合同中约定保证合同具有效力上的独立性的部分**无效**，应当认定**该保证合同属于具有效力上的从属性**的保证合同。同时，由于被担保的主合同（借款合同）无效，基于《民法典》第682条第1款规定的保证合同效力上的从属性，应当认定钱某与甲公司的保证合同无效。

3.【考点】保证合同无效时保证人的责任

【答案】2021年9月，赵某对甲公司不能清偿的部分，甲公司虽不得请求钱某承担保证责任，但甲公司可以请求钱某承担不超过赵某不能清偿部分1/3的缔约过失责任。理由在于：甲公司与赵某间的借款合同无效，基于保证合同效力上的从属性，甲公司与钱某的保证合同亦因此无效，甲公司对钱某

---

〔1〕《最高人民法院关于审理民间借贷案件适用法律若干问题的规定》，以下简称《民间借贷规定》。

不享有保证债权，钱某不对甲公司承担保证责任。但是，订立保证合同时，保证人钱某**知道**甲公司与赵某借款合同存在无效事由，**保证人钱某对保证合同因借款合同无效而无效具有过错**，根据《民法典担保制度解释》第17条第2款的规定，有过错的保证人钱某应当对甲公司承担**缔约过失责任**，但范围**不超过赵某不能清偿部分的**1/3。

4.【考点】民间借款的利率上限

【答案】甲公司与乙公司借款合同约定“借款人乙公司按24%的年利率支付借期利息”，根据我国现行法的规定，这一约定**部分无效**。理由在于：民间借款，**明确约定借款人按照约定的利率支付借期利息的**，借款人负有按照约定的利率标准支付借期利息的法律义务。但有利率上限。根据《民间借贷规定》第25条的规定，民间借贷约定的利率超过**合同成立时**一年期贷款市场报价利率**四倍**的部分无效。甲公司与乙公司的借款合同属于民间借贷，明确约定借款人乙公司按照24%的年利率支付借期利息。甲公司与乙公司借款**合同成立之时**（2020年11月1日），一年期贷款市场报价利率（LPR）约为年利率3.85%，**四倍**约为年利率15.4%。因此，甲公司与乙公司约定的24%的年利率中超出15.4%年利率的部分无效。

5.【考点】代位权

【答案】甲公司于2021年8月5日以丙公司为被告提起的代位权诉讼，法院不应当支持。理由在于：根据《民法典》第535条的规定，甲公司有权作为原告，以丙公司为被告，行使代位权，诉请丙公司将对乙公司负担的90万元债务向甲公司履行，一个必要条件是甲公司对乙公司的借款**债权到期**。2021年8月5日，甲公司对乙公司的借款债权**尚未到期**，甲公司**不享有以诉讼方式行使**诉请丙公司将对乙公司负担的90万元债务向甲公司履行的**代位权**，因此，法院不应当支持甲公司提起的代位权诉讼。

6.【考点】代位权

【答案】孙律师应当提供如下咨询意见：2021年9月，虽然甲公司对乙公司的借款债权**尚未到期**，但乙公司的债务人丙公司**破产**，**乙公司未及时申报破产债权，影响甲公司对乙公司未到期借款债权的实现**。根据《民法典》第536条的规定，存在保存乙公司对丙公司90万元价款债权的必要，甲公司有权代位行使乙公司对丙公司的90万元价款债权，方式为，**向丙公司的破产管理人申报乙公司对丙公司的90万元价款债权**。

7. 【考点】民间借贷；刑民交叉

【答案】若法院经审理判决认定甲公司向公众借款的行为成立“非法吸收公众存款罪”，李某与甲公司于 2020 年 9 月订立的数额为 100 万元的借款合同**不应因此认定为无效**。理由在于：若甲公司向公众借款的行为经生效裁判认定构成非法吸收公众存款罪，根据《民间借贷规定》第 12 条第 1 款的规定，李某与甲公司的借款合同并不当然因此无效。由于甲公司向公众借款的行为成立非法吸收公众存款罪，因此，李某与甲公司的借款合同违反的系法律的“**取缔性（管理性）强制性规定**”，而非“**效力性强制规定**”，根据《民法典》第 153 条第 1 款的规定，甲公司与李某间的借款合同不因此无效，仍属有效的借款合同。

8. 【考点】民间借贷；刑民交叉

【答案】受理该借款纠纷案件的法院无须裁定中止该案的审理。理由在于：甲公司的行为是否成立非法吸收公众存款罪不影响李某与甲公司借款合同的效力，并且该借款纠纷的基本案件事实不以刑事案件的审理结果为依据，就李某诉甲公司的借款纠纷案件而言，根据《民间借款规定》第 5 条、第 6 条与第 7 条的规定，应当适用“刑民并行”机制，受理借款纠纷案件的法院无须裁定中止案件的审理。

五、【答案与解析】

1. 本题为开放性设问，以下两种思路，任选其一均可得满分。

思路一：可以。一审中，袁辉已经对侵权行为、故意、损害结果等对自己不利的事实予以承认，构成了自认。但依据《民诉法解释》的相关规定，自认的事实与法院查明的事实不符的，法院不予确认。如果袁辉打伤赵小飞确实为王大力唆使，则依据《民法典》第 1169 条第 1 款的规定，教唆他人实施侵权行为需与行为人承担连带责任。因此，袁辉打人是否受王大力指使，关涉案件的责任承担等实体问题，可能影响一审程序的合法性。所以，二审法院可以不受一审中自认的限制，对该事实予以审查。

思路二：不可以。本案中，袁辉已经对侵权行为、故意、损害结果等对自己不利的事实予以承认，构成了自认。依据《民诉法解释》的相关规定，当事人在一审中的诉讼行为，在二审中对其仍然有拘束力，当事人不能随意反言，若想推翻之前的诉讼行为，需要说明理由。此外，依据《民事诉讼证据规定》[1]，当事人撤回自认的时间是法庭辩论终结前，且需要对方同意或者受胁迫或者重大误解。本案已经进入二审程序且不存在胁迫，唯一可以讨论的是是否构成重大误解。作为撤回自认法定情形的重大误解，是指对自认行为本身存在重大误解，但本案中袁辉完全理解其承认事实的意义，只是错误理解了王大力对其的承诺，因此不构成重大误解。综上，本案不符合撤回自认的条件，袁辉没有合理的理由能够推翻其在一审中的自认，因此法院不应当对该事实予以审查。

2. 王大力及其母亲范丽丽在二审中不具备当事人的诉讼地位。二审中的当事人只能是上诉人或被上诉人，由于王大力和母亲范丽丽均未参加一审程序，因此尽管本诉原告和被告均在二审中表示王大力应当承担侵权责任，但王大力及其母亲范丽丽都不可能直接获得二审诉讼地位。如果二审法院认为确有必要发回重审的，可以发回后在重审中增加其诉讼地位。此外，二审法院在审理中如果认为有必要传唤王大力和母亲范丽丽参加诉讼，则二人可能以证人的身份参加案件的二审审理。

3. 上诉人赵小飞对被上诉人袁辉对其有金钱债权并无争议，但对于该金钱债权的性质和数额存在争议，因此袁辉的抵销主张需要通过反诉的方式来实现。如果当事人在一审中提出反诉，可以合并审理，但本案中袁辉在二审中才提出反诉，法院可以调解，调解不成的，告知其另行起诉解决追星的劳务费问题。如果双方当事人都同意，也可以放弃对反诉的上诉权，由二审法院一并裁判。

4. 对本案中五种方案的利弊分析如下：

A 方案：依据无因管理或不当得利另行起诉赵小飞，是法律层面的最优选择，且可履行性较高。弊端在于老师起诉学生，在道德和舆论层面可能影响风评。

B 方案：另行起诉袁辉，符合起诉条件，但由于袁辉已经没有财产可供执行，因此即使胜诉也无法获得执行。

C 方案：不能提出执行异议，因为王刚强对袁辉被冻结的 5 万元执行款无法主张实体权利。

D 方案：不能提起第三人撤销之诉，因为原审判决是对赵小飞损失的认

[1] 《最高人民法院关于民事诉讼证据的若干规定》。

定，且该裁判并未损害案外人王刚强的权益。

E方案：不能以案外人身份申请再审，因为原生效判决并不存在错误，且不损害案外人王刚强的权益。

综上，能够实现权利的最优途径为A方案。

六、【案情梳理】

1. 上海海关缉私局——移送上海浦东国际机场海关——移送吴淞海关。

2. 2014年9月9日，吴淞海关向杭州金菱公司作出《行政处罚告知书》**（“拟”作出…… 属于过程性的行政事实行为，不可诉）**，杭州金菱公司提出听证申请，吴淞海关组织了听证，听证过程中杭州金菱公司提出新证据**（第一次听证）**。

3. 2015年5月8日，吴淞海关再次作出《行政处罚告知书》，杭州金菱公司再次提出听证申请，吴淞海关组织了听证**（第二次听证）**。

4. 2015年10月14日，吴淞海关作出〔2015〕7号行政处罚决定，后作出追缴货款的行为；杭州金菱公司不服处罚决定提起行政诉讼。

【答案与解析】

1. 不违反。

理由：依据相关法律规定，行政机关对符合条件的，应当告知当事人有权申请听证，当事人申请听证的，行政机关应当依法组织听证。并未规定举行听证的次数，根据案情的需要，可以举行两次以上听证。本案中第一次听证过程中杭州金菱公司提出新证据，需要进行鉴定，在鉴定后根据鉴定意见再次进行听证，是完全符合行政处罚法的相关规定的，并不违法。

2. **是行政处罚，属于行政诉讼受案范围**。

理由：《海关行政处罚实施条例》第56条规定：“海关作出没收货物、物品、走私运输工具的行政处罚决定，有关货物、物品、走私运输工具无法或者不便没收的，海关应当追缴上述货物、物品、走私运输工具的等值价款。”

本案中，吴淞海关对杭州金菱公司的违法走私行为作出了没收走私货物的处罚决定，但因走私进口违法货物已无法没收，吴淞海关依法作出追缴走私货物等价价款的行为，此追缴属于没收货物的等价处罚，具有惩戒性，给杭州金菱公司带来了不利后果的承担，依法应认定为属于行政处罚。根据规定，行政处罚属于具体行政行为，属于行政诉讼受案范围。

（**不属于行政强制执行**。理由：行政强制执行，是指行政机关或者行政机关申请人民法院，对不履行行政决定的公民、法人或者其他组织，依法强制履行义务的行为。其要求行政相对人先不履行基础决定，才通过强制手段强制其履行。本案是因为走私进口违法货物已无法没收，而作出追缴。并非因杭州金菱公司不履行行政处罚决定而作出追缴，因此不是行政强制执行）

3. 吴淞海关所在地的中级法院。

（1）级别：本案被告为吴淞海关，确定级别管辖为中院。

（2）地域：本案依法由被告所在地的法院管辖，即吴淞海关所在地的法院有管辖权。

（3）综上：有管辖权的法院为吴淞海关所在地的中级人民法院。

4. 复议机关为上海海关。

理由：根据规定，海关属于垂直领导，依法应当向上一级主管部门申请行政复议，即复议机关为上海海关。

5. 被告为吴淞海关或上海海关。

理由：如果复议机关不受理复议申请，属于复议不作为。依据法律规定，如果当事人对原行为不服提起诉讼的，应当以原机关为被告；如果对复议机关的不受理行为不服提起诉讼的，应当以复议机关为被告。因而被告为吴淞海关或上海海关。

6. **（本题通过案情无法找到吴淞海关有违法情形，推定合法，也可以分类讨论）**

若法院审理后认为吴淞海关作出的行政处罚决定是合法的，法院应判决驳回原告的诉讼请求。

若法院审理后认为吴淞海关作出的行政处罚决定是违法的，法院应判决撤销该处罚决定，并可以责令吴淞海关重作。

七、【答案与解析】

1. 汉中机械公司不应当向大江公司返还该设备。

（1）该设备系秦川租赁而来，对其不享有处分权，秦川以该设备出资，系无权处分；

（2）此时，汉中机械公司对秦川不享有处分权不知情，对价合理，且秦川已经交付设备，故汉中机械公司适用善意取得制度。

故汉中机械公司无须向大江公司返还设备。

【注意】若题目给出秦川在汉中机械公司担任重要职务的条件，则推定汉中机械公司对此知情，故汉中机械公司不能适用善意取得制度。

2. 该设备真实价值为300万元，显著低于章程所定金额500万元，秦川构成出资不实。

（1）汉中机械公司有权要求秦川补足差额（200万元），魏水、鲁岳作为发起人承担连带责任；

（2）公司债权人有权要求秦川在出资不实范围（200万元）内对其承担补充赔偿责任；要求魏水、鲁岳作为发起人承担连带责任。

另外，评估机构应当在评估不实范围内对债权人承担赔偿责任。

【注意】本题中提到评估机构与秦川串通，当然应当对债权人承担赔偿责任。若题目中给出信息“评估机构能够证明自己没有过错”，则评估机构无责任。其归责原则为过错推定。

3. 借款合同合法有效。

本题中，汉中机械公司与洪河资本公司之间存在关联关系（魏水是汉中机械公司董事长，同时持有洪河资本公司90%的股权，担任其法定代表人）。显然借款合同与正常交易规则不符，损害了出借方汉中机械公司的利益。属于魏水利用关联交易损害汉中机械公司利益。

（1）借款合同不属于“违反法律强制性规定”而无效。

公司法规定，董事不得利用关联交易损害公司利益。该规定属于强制性规定——管理性强制性规定，而非效力性强制性规定。只有违反效力性强制性规定，才会导致合同无效。

因魏水通过该关联交易损害了汉中机械公司的利益，汉中机械公司有权要求魏水承担赔偿责任。但并不因此导致汉中机械公司与洪河资本公司之间的借款合同无效。

（2）借款合同不属于“恶意串通，损害他人合法利益”而无效。

借款合同的主体为汉中机械公司和洪河资本公司，只有这两方串通损害第三方利益时，借款合同才无效。

本题中，魏水通过汉中机械公司与洪河资本公司签订借款合同，开展关联交易，损害了汉中机械公司的合法利益。两种情形并不一致。

4. 抗辩理由成立。股东对其出资享有期限利益，出资期限届满前，股东无须对外承担补充赔偿责任。

【注意】以下四种情形，股东丧失出资的期限利益，加速到期。

（1）	公司破产
（2）	公司作为被执行人，法院穷尽执行措施无财产可供执行，公司已具备破产原因，但不申请破产的
（3）	公司解散
（4）	债务产生后，股东（大）会决议或其他方式延长股东出资期限的

5. 抗辩理由不成立。

2022 年 5 月，汉中机械公司破产申请被法院受理。股东丧失出资的期限利益，股东出资加速到期。管理人有权对股东未缴纳的出资行使追回权，无论股东出资期限是否届满。

6. （1）应当中止审理，待管理人接管债务人财产后，恢复审理；

（2）不符合法律规定。

只有破产申请受理后，有关债务人的诉讼才由受理破产案件的法院集中管辖。本题中的诉讼属于受理前已经开始而尚未审结的案件，并没有集中管辖的规定。

7. 该决议可撤销，股东可在决议作出之日起 60 日内向法院起诉，主张撤销该决议。

（1）汉中机械公司召开了股东会会议，进行了表决，经持有 2/3 表决权的股东审议通过，故该决议成立；

（2）该决议的内容为：由经理担任法定代表人，符合法律规定（《公司法》第 13 条规定，公司法定代表人，根据章程规定，可以由董事长、执行董事或经理担任）。

（3）①此次股东会会议，未经过董事会、监事会，而是由鲁岳作为股东召集，属于召集主体违法，该决议可撤销；

②该决议的内容为：由经理担任法定代表人。而公司章程规定：法定代表人由董事长担任。故该决议内容违反公司章程，该决议可撤销。

8. 不能得到法院的支持。

2022 年 1 月东华精密公司提起诉讼，主张行使抵押权。至 2022 年 5 月，抵押人汉中机械公司破产申请被受理时，该案件尚未审结。

汉中机械公司以设备设定抵押权，属于动产抵押。因未办理登记，故在抵押人破产程序中，其主张实现抵押权，获得优先受偿，法院不予支持。（《民法典担保制度解释》第54条）。

9. 应当承担保证责任。

（1）魏水作为洪河资本公司的法定代表人，未经董事会或股东会同意，擅自决定以洪河资本公司名义提供担保，系越权担保。

（2）东华精密公司作为相对人，取得了洪河资本同意担保的董事会决议，已经履行了合理审查义务，故应当认定其为善意的相对人。

【注意】汉中机械公司不是洪河资本公司的股东或实控人，洪河资本公司为其提供担保属于对非关联方提供担保，故东华精密公司无论取得股东会决议还是董事会决议，均符合规定。

另外，东华精密公司仅有形式审查义务，无实质审查的义务。

故洪河资本公司应当承担担保责任。

10.（1）若洪河资本公司已经代汉中机械公司向东华精密公司清偿，则洪河资本公司以求偿权向管理人进行债权申报；

（2）若洪河资本公司未代为清偿：

①东华精密公司已经就全部债权进行申报的，洪河资本公司不能进行债权申报；

②东华精密公司未就全部债权进行申报的，洪河资本公司可以将来的求偿权进行申报。

（《破产法》第51条）。

瑞达法考直属分校联系方式

北方分校

办公地址：北京市海淀区西三环北路72号世纪经贸大厦B座27层2700

上课地址：天津市武清区新源道18号奥蓝际德商务酒店（园区免费停车）

1. 客服值班电话：400－1660－360转1转1再转1；王老师：17343174185（同微信）杨老师：17812032760（同微信）；2. 北京市面授及网课咨询：闫老师：15910626131（同微信）卜老师：15901252307（同微信）；王老师：17810798753（同微信）；3. 天津市面授及网课咨询：王老师：17810798753（同微信）；4. 河北省面授及网课咨询：卜老师：15901252307（同微信）；5. 辽宁省面授及网课咨询：陈小龙老师：17810632673（同微信）；6. 吉林省面授及网课咨询：陈鸿丰老师：17810712815（同微信）；7. 黑龙江面授及网课咨询：陈鸿丰老师：17810712815（同微信）；8. 内蒙古面授及网课咨询：陈鸿丰老师：17810712815（同微信）；9. 河南省面授及网课咨询：陈小龙老师：17810632673（同微信）；10. 山西省、陕西省咨询：卜老师：15901252307（同微信）；11. 甘肃省、新疆区域咨询：闫老师：15910626131（同微信）；12. 青海省、宁夏区域咨询：杨老师：17812032760（同微信）

南京分校

客服值班电话：4001660360转1转1再转5

江苏、安徽、山东报名咨询：沙老师13812318935；办公地址：南京市鼓楼区新楼花马路66号南邮大厦1714室

上海分校

客服值班电话：4001660360转1转1再转2

1.（市区报名）上海市静安区汉中路158号汉中广场902室；地铁1号线、12号线、13号线汉中路站下。电话：021－52902865、021－52902869、18516307172（微信同号）陈老师、13738188215（微信同号）；2.（大学城报名）上海市松江区三新北路1800弄8号楼3002室（松江大学城六期）；上海海事大学、江西省报名咨询：13052397071（微信同号）余老师；3. 上海政法学院、上海商学院、华东理工、上师大、厦门报名咨询：13052393272（微信同号）陈老师；4. 上大、贤达、金融、杉达、海关、漳州、泉州咨询：13395718787（微信同号）李老师

杭州分校

客服值班电话：4001660360转1转1转4

1. 杭州分校报名咨询：0571－87756276、13738188215（微信同号）；地址：杭州市西湖区文二路195号（靠近教工路）耀江文欣大厦1503室；2. 浙大宁波理工、温州、嘉兴地区：梅老师13738188215（微信同号）；3. 下沙地区、杭州商学院、现科、浙大城院：梅老师13738188215（微信同号）；4. 万里学院、宁波科技学院、浙江工业大学、杭州师范大学：梅老师13738188215（微信同号）；5. 绍兴地区、金华地区、农林大学、警官学院、东方财经、科艺学院：谢老师15168367817（微信同号）

广州分校

客服值班电话：4001660360转1转1再转3

广州地址：广州市天河区广州大道北613号城光大厦700A－B

咨询热线：020－62875806　手机：17688466828

乘车路线：地铁天号线平架A出口（南洋长胜酒店方向）；公交：兴华路口站

1. 广技师、五邑大学、新华学院（林老师）：16624710323；2. 广外、广大、广警、北理、北师（李老师）：18124065249；3. 广海、岭师、广油、华农、中山电子（林华老师）：13922309460；4. 广应科、培正、华师（柳老师）：13602889765；5. 韶关学院、广东工业大学、广东财经大学、广州商学院、嘉应学院、惠州学院、肇庆学院、东莞理工学院城市学院（张老师）：18620087770

深圳分校

客服值班电话：4001660360转1转1再转6

深圳地址：深圳市福田区深南中路2016号兴华大厦B座829

咨询热线：0755－23964781，手机：13316856786

乘车路线：地铁科学馆站B口出前行150米

深圳大学、海南三亚学院、海南大学咨询：13311520165（王老师）

法考 主观题加密课程获课流程

PC获课流程

① 通过浏览器输入瑞达法考的网址进行搜索，进入瑞达法考官网首页。

https://www.ruidaedu.com

② 进入首页后，点击导航上的“主观题”进入加密课程专题页面。

首页 免费课堂 配套教材 瑞达讲师 ………… 学习部落 **主观题** 机考模拟

③ 进入主观题专题页后点击 “加密课程”进行登录。

（提示：若无官网账号，请先进行注册再登录）

④ 登录后需要刮开获课码，输入20位获课码将加密课程与账号绑定，完成后即可学习加密课程。

（提示：课程上传后才会生效，若已有获取的课程，则直接进入加密课程页面进行学习）

APP获课流程

扫码下载“瑞达法考”APP。

（如手机应用商店无法检索，请联系客服获取下载途径）

点击“学习”进入学习模块

点击“+”进入课程获取界面

点击“图书产品”输入20位获课码，点击“→”课程获取成功后会跳转到学习界面

获课成功后，在“权限课”中可查看，进入课程界面，点击目录选择课程进行听课。